黑暗傳・下冊

神農架林區非物質文化遺產保護中心 編

目錄
CONTENTS

第一部分：原始版本

第二部分：整理版本

第三部分：評述文摘

黑暗傳

陳人麟　整理

歌　頭

夜靜更深，
月明星亮，
我們二人走進歌場。
孝家請開個歌頭，
親友都在捧場，
只因才疏學淺，
未曾開口汗先淌。

不開天地水府，
不開日月三光，

不開五方土地，
不開閃電娘娘，
不開歷代君王，
不開青獅白象，
不開虎豹豺狼，
不開魑魅魍魎，
單開黑暗混沌，
歌師可記周詳？

不唱古往今來，

不唱地理天文，
不唱日月星辰，
不唱五嶽山名，
不唱文臣武將，
不唱賢帝聖君，
不唱走獸飛禽，
不唱禮樂道經，
單唱黑暗混沌，
歌師可知根痕？

唯有唱歌膽子大，
火不燒山石不炸，
歌不盤本沒有味，
你只管問我管答。
沒有金剛鑽，
不攬瓷器活，
肩挑歌本兩大籮，
手捧奇書一大摞，
歌師有話只管說。

船兒彎在浪沙洲，
順風一陣開了頭，
眾位朋友齊攢勁，
不尋根古莫罷休。

先　天

金鼓一住莫消停，
我把歌師尊一聲，
請教先天啥情形？

歌師發問講先天，
先天只有氣一團，
黑哩咕咚漫無邊。
有位老祖名黑暗，
大事小事他統管，
黑暗老祖無雙親，
無影無形無臉面，
伸手不能見五指，
怪裡怪古掌江山。

唯有黑暗根基深，
歌師可能講的清，
為何黑暗無父母？
黑暗過後混沌生？

提起黑暗這根基，
這個根古長得很。
那時沒有天和地，
那時不分高和低，

那時沒有日月星，
人和萬物不見形，

汪洋大海水一片，
到處都是黑沉沉。
黑暗老祖無雙親，
萬炁相聚化仙身。
不知多少年和代，
黑暗之後出混沌，
混沌之後見光明。

歌師提起混沌祖，
我將混沌問根古，
誰是混沌父？
誰是混沌母？
混沌出世啥時候？
還有什麼在內頭？
歌師對我講清楚，
我拜歌師為師傅。

當時有個灂淥祖，
灂淥生浦湜，
浦湜就是混沌父，
灂淥就是混沌母，
母子成婚配，

生下一圓物，
包羅萬象在裡頭，
好像小雞未孵出。

混沌從前十六路，
一路灂淥生浦湜，
汗清又出世，
一路生灂淥，
灂淥變滇汝，
二路生江泡，
三路生玄真，
四路生泥沽，
五路生汗水，
六路生湜沸，
七路生灂淥，
八路生泗流，
九路生紅雨，
十路生清氣，
十一生淬沸，
十二生重汗，
十三生浬沤，
十四生泣浬，
十五生洞汰，
十六生江沽，
江沽他才造水土。

當時有個混沌祖，
天地自然有根古，
內中他還有一物，
名曰泡羅生水土。

赤氣降了地，
泡羅吐清氣，
生出小無提，
提子名沙泥，
沙泥傳沙滇，
沙滇傳沙沸，
沙沸傳紅雨，
紅雨傳化極，
化極傳苗青，
苗青傳石玉。

有個老母黑天坐，
神通廣大無法說，
石龍老母是她號。
老母收下一門人，
復元就是他的名，
復元法術多妙哉。
出世才把仙根埋，
長出玄黃老祖來。
玄黃出世玄又玄，

無有日月共九天，
無山無水無星斗，
沒有火來沒有風，
更無人苗和萬物。

玄黃出世玄又玄，
還得問問崑崙山。
且說崑崙山一座，
一道黑氣往下落，
一道赤氣空中起，
一道黑氣往上升，
一道白氣透九重，
一道紫氣霧沉沉。
五色瑞氣空中現，
浩浩蕩蕩結成團，
結成五色一圓物，
一聲響亮落地平。
又見一道紅氣升，
空中結起五彩雲。
五道光華空中現，
一尊黃石在眼前。
黃石高來有九丈，
一十二丈為周圍。

一人來到石上坐，

一陣清風便來臨，
哈氣黃石來變化，
化成九色蓮台形。
此人坐在蓮台上，
心中歡喜有十分。
自己細細來思想，
要給自己取姓名。
兩山之間有二孔，
內藏玄黃二字文。
一個玄字就為姓，
一個黃字就為名。

青龍山上白光起，
崑崙山上黃光生，
結成圓物空中現，
落在崑崙山中存，
隨風一吹成人形。
身子長來有九丈，
膀圓五週有餘零，
面色發黑遍身黃，
眉目清秀聖人形，
玄黃老祖是他名，
坐在蓮台苦修行。

玄黃正在蓮台坐，

來了一人問原因，
玄黃老祖開言道，
打坐煉炁修我身。
此人雙膝跪在地，
乞請師傅收門生。
玄黃睜眼將他看，
看他形格是神人，
此人後來有作為，
原是二炁化真身。
玄黃老祖開言問，
你今若無姓和名，
就取奇妙多好聽。
奇妙子一聽心歡喜，
手掌雙合拜師尊。

玄黃忽把徒弟叫，
你我山上走一巡。
玄黃下了蓮台座，
二人遊玩看山林。
師徒玩遊有幾日，
看見一座石洞門，
石門框來石門檻，
就像金玉一般形。
師徒二人把門進，
舉目觀看喜十分。

內有常開不謝花，
一步一處好風景。
不覺又到三層門，
又高又大愛煞人。
老祖忙對徒弟講，
你我洞內可安身，
只是此洞無名字，
我想立碑刻下名。
刻下一碑在一門，
高有五丈三，
寬約四丈零，
題詩一首做證明：
西域地方獨生吾，
能知變化長生衍，
掌握皆歸內發出，
能制天地玄機關。
又在門口刻洞名，
頭門刻著鴻蒙洞，
二門刻著波恩宮，
三層門刻游雲宮。
一副對聯兩邊分：
一粒粟裡藏世界，
半口鍋中煮乾坤。
師徒從此洞中住，
修行養性煉真身。

玄黃老祖洞中坐，
不覺心中好煩悶，
老祖叫聲奇妙子，
隨我出去散精神。
玄黃抬頭來觀看，
山下地眼放光明，
青赤二氣團團轉，
結成圓物囫圇形。
一聲響亮落大地，
落在滑塘亂滾滾。
圓物亂滾不打緊，
放出豪光怕煞人。
豪光亂擾真古怪，
玄黃上前看分明，
圓物乃是生天根，
有詩一首作證明：
天生黍黍落滑塘，
內藏五鳥接三光，
中藏五嶽並八卦，
玄黃頭髮分陰陽。

玄黃忙叫奇妙子，
快往滑塘走一程，
滑塘落下一寶珍，
為師撿來莫消停。

奇妙子當時領了令，
來到山頭看分明，
只見一塊大岩石，
高有百丈好精神，
岩石下面一深淵，
名為五行滑塘坑。
圓物落在塘中間，
溜溜滾滾不住停，
細看圓物不算大，
不過三尺零五分。

奇妙正要取寶珍，
天空飛下一個人，
此人身長有五丈，
紅面黑鬚長眼睛，
四個獠牙顛倒掛，
眉如鋼刀眼如釘。
落在滑塘不說話，
伸手就要取寶珍。
此人就是浪蕩子，
他是一氣來化身。

奇妙子見了吃一驚，
就與浪蕩評禮性。
奉勸浪蕩莫亂撈，

若是撈壞一命傾。
浪蕩子聽罷哈哈笑，
雙手直向塘中伸，
捧出寶物掌上滾，
揚言就要一口吞。
奇妙子說你不敢，
浪蕩子說我就行。
奇妙子三個不敢未出口，
浪蕩子一口吞下貴寶珍。
奇妙子拉住浪蕩子，
直往蓮台稟師尊。

二人來到蓮台下，
奇妙子雙膝忙跪下，
「那寶被他鯨吞了，
只看師傅怎施刑？」
玄黃一見浪蕩子，
大罵畜生不是人，
為何見我不跪稟，
姓什名誰說我聽。
浪蕩子這裡開言道，
你且聽我道分明。
東海有個道法主，
荷葉老祖是他名，
我是老祖一弟子，

特派我來取寶珍。
吾神安得給你跪？
惹怒老祖不饒人！
玄黃老祖開口講，
氣正萬化我為先，
煉好萬化出先天，
黑黑暗暗傳大法，
威威武武出玄黃！
浪蕩子微微笑幾聲，
「吾神不信半毫分，
到底把我怎麼辦，
看你究竟逞啥能？」
玄黃一聽心大怒，
手挽劍柄欲斬人，
劍訣一念喝聲斬，
半空飛下劍一根，
口中連連罵畜生，
「快把寶物還給我，
萬事甘休不理論。」
浪蕩也把玄黃罵，
「你那寶物我吞了，
看你把我怎施刑？」
玄黃聽罷手一指，
嘩的一聲好嚇人，
一口飛劍快如風，

浪蕩身首兩下分。
寶劍斬了浪蕩子，
依然飛上半天雲，
飄飄蕩蕩不落地，
只在老祖頭上巡。
玄黃靈章口中念，
寶劍嗖嗖才落身。

玄黃斬了浪蕩子，
五塊屍體五下分，
腸中流出那寶珍，
地上亂滾未消停。
它是二炁化紅青，
它是天地產育精，
青的三十三天界，
紅的地獄十八層。

玄黃斬了浪蕩子，
屍分五塊丟海洋，
海洋長出崑崙山，
一山長成五龍樣，
五龍口中吐血水，
天精地靈裡頭藏，
陰陽五行才聚化，
盤古懷在它中央。

玄黃斬了浪蕩子，
屍分五塊成五行，
從此五方有了名，
左手為東右為西，
左腳為南右腳北。
東西南北有根痕，
首級又把中央定。

玄黃又命奇妙子，
一隻葫蘆手裡拎，
拿到入得池邊去，
取水回來見師尊。
小小葫蘆三寸高，
玄黃山上長成苗，
裝進五湖四海水，
不滿葫蘆半中腰。
奇妙取回一葫水，
只見浪蕩屍五分，
倒出水來洗其身，
名叫甘露水度人，
每塊屍上吹口氣，
死屍借氣化人形，
五人頃刻來跪下，
臉分五色五樣形。
一人身高五丈五，

面如鍋底一般形；
一人身長三丈五，
面如胭脂來染紅；
一人身高有九丈，
面如藍靛一樣青，
一個身長有七丈，
面如白霜似銀人；
一個身高有一丈，
面如黃金一樣形。
五人抬頭四下看，
四方黑暗不分明，
一眼看見玄黃祖，
一隻葫蘆手中拎，
五人上前開口問，
尊聲你是什麼人？
玄黃微笑來答言：
西天未生我在先，
曾將玄妙煉真金，
先生我來後生天，
若問我的名和姓，
玄黃真一站面前！
五人一起跪在前，
一齊來把師傅稱，
乞望師傅能收留，
願拜師傅做門人。

老祖說道好好好，
我與你們取下名：
先天五姓五個人，
注定木土水火金。
一人取名知精準，
名曰星辰水德君，
在天為雲又為雨，
在地為水又為冰，
歸在人身為血水，
北方壬癸水為珍。
一人姓孔名明宴，
故名楚域星德君，
在天為電又為閃，
在地為火又為煙，
歸在人身為心火，
南方丙丁火為精。
一人取名人知孫，
故曰攝提青龍星，
在天便為梭欏樹，
在地便為木和林，
在要人身為肝水，
東方甲乙木中精。
一人取名義長黃，
又名太白長庚星，
在天為雷又為電，

在地為銀又為金，
歸在人身為肝經，
西方庚辛金之精。
一人取名義厚戟，
故名中央匈陳星，
在天為雨又為霧，
在地為土又為塵，
歸在人身為脾胃，
中央戊己土之精。

浪蕩屍身五處分，
山河五方成了形，
再向歌師問一聲，
玄黃如何收混沌？

歌場一開莫住停，
尋古就要尋到根，
要問玄黃收混沌，
一場鏖戰慘得很。

老祖出了鴻蒙洞，
後跟弟子眾門人，
一路說笑一路行，
遊山觀景解煩悶。
來到崑崙山一座，

樓台殿閣好風景，
重殿九廳有九井，
玉石欄杆兩邊分，
鳳閣凌霄多華美，
此地景緻愛煞人。
玄黃師徒正觀看，
一陣狂風掃山林，
吹起黑風遮天地，
烏雲騰騰怕煞人。
老祖滾過風頭去，
抓住風尾把話論：
眾位弟子都注意，
謹防惡獸將來臨。
一言未曾說完了，
跳出一隻猛獸禽，
張牙舞爪多厲害，
有詩一首作證明：
頭黑身綠尾巴黃，
六足色白紅眼睛，
毛似黃金一般鮮，
二角五尺頭上生。
此獸高有四丈五，
足長六尺有餘零，
獠牙四個如鋼刺，
張口似簸名混沌。

弟子看到混沌樣，
個個嚇得戰兢兢，
只有老祖無懼色，
上前幾步喝一聲：
畜生快來歸順我，
免得吾神費辛勤！
混沌開口來說話：
我有玄妙大神通，
要知神從何處來，
你且站住聽我云。
混沌吟出詩四句，
詩中根由屬真情：
吾神本是土中生，
煉就全身無量神，
借山元氣養吾身，
黑暗獨生吾混沌。
玄黃聽得微微笑，
不過畜中你為尊，
怎比吾神神通大，
有詩一首做證明。
真一生花天未開，
遇得五色寶蓮台，
煉此金身法無邊，
天下獨一顯奇才。
混沌聽言叫老祖，

任你怎說我不順，
你我口說不為憑，
各顯神通定假真。
混沌把鼻吼三下，
一道黑煙往上升，
黑煙之中現一寶，
身長一丈不差分。
此寶能長又能短，
能粗能細真奇珍，
此物名叫混天寶，
金光閃閃怕煞人。
混沌也有兩隻手，
藏在頸項裡面存，
混沌雙手來拿起，
對準老祖下無情。

玄黃將身來躲過，
忙在耳邊取寶珍。
只把耳朵拍一掌，
放出白光往上升，
白光之中現一寶，
此寶名叫定天針。
此針只有一丈長，
老祖拿在手中存，
招架混沌混天寶，

一神一獸大相爭。
交鋒幾合無勝敗，
混沌又放寶和珍，
用手朝天指一下，
放出三個惡鳥身。
一個叫著鶬鶵鳥，
紅嘴黑身金眼睛，
二個叫做鴉鳹鳥，
三手六足綠眼睛；
三個叫做鵃鷗鳥，
六目三翹賽大鵬。
玄黃一見取寶珍，
陰陽錦囊祭空中，
收了混沌三件寶，
混沌氣得眼睛瞪。

混沌又放寶和珍，
火光熊熊空中騰，
滿天火光高萬丈，
要燒玄黃才解恨。
玄黃取出一件寶，
雌雄化丹空中呈，
大叫一聲快快變，
變成一鳥空中騰，
此鳥名叫馱鴕鳥，

口吐大雨如傾盆，
一時大火俱滅了，
混沌一見吃一驚，
搖身變成狐狸獸，
搖頭擺尾要吃人。
玄黃一見也變化，
變只猰㺄更威風。
混沌一見忙變化，
拔下毫毛八十一根，
變成八十一混沌，
個個拿的鎮天棍，
困住老祖大相爭。

玄黃搖身也變化，
變了一千玄黃身，
個個手中拿兵器，
圍住混沌大交兵。
混沌急駕祥雲去，
邊行邊對玄黃論：
你今若有真手段，
就到空中定輸贏！
玄黃隨即也騰空，
空中一片鬧騰騰，
混沌戰得心煩惱，
身上又取一珍寶，

此寶名叫蒙獸寶，
能發狂風起漩渦，
招來惡禽並猛獸，
欲對玄黃逞英豪。
玄黃一見忙不停，
取出葫蘆手中拎，
只見葫蘆一拋出，
惡禽猛獸收乾淨。
混沌一見破了法，
大吼一聲如雷鳴。
口中放出一寶劍，
此劍名為無形風，
要說此劍多厲害，
無影無形又無蹤，
看見人形它追趕，
神仙見了也遭凶，
先從頂門來吹進，
吹進五臟人自崩。

玄黃乃是五氣化，
根本不怕無形風，
東風吹來往西走，
南風吹來往北行。
吹得玄黃心發悶，
祭起錦囊空中升，

收了混沌無形風，
又罵混沌小畜生。
一聲響亮驚天地，
混沌趴在地埃塵，
六足伏地不能走，
看著玄黃難逃身。
玄黃這時走近了，
銀鏈一響來落下，
鎖住混沌二骨槊，
又把混沌問幾聲，
到底歸順不歸順？
混沌兩眼淚直流，
望著銀鏈啞了聲，
玄黃又把話來云：
只要你今歸順我，
頭點三下饒性命！
混沌把頭點三下，
俯首帖耳稱師尊。
玄黃又把混沌封，
封他做了歡兜神，
玄黃縱身跨背上，
騎著神獸繼續行。

玄黃騎著混沌獸，
看見一個女佳人，

老祖上前便打問：
「莫非你是女媧神，
在此獨坐為何因？」
女媧一聽著一驚：
他能知道我名字，
難道還知未來情！
指著身邊兩圓物，
開口便將玄黃問。
玄黃上前仔細看，
看過之後講分明，
兩個圓物分大小，
內包二十二個人，
一個大的裝男的，
弟兄一共十個人，
小的那個包女子，
十二姐妹手足情。
女媧還要尋根由，
便聽玄黃細細論：
此乃天干地支神，
該你生他來出世，
後來為神治乾坤，
待給他們取下名，
配合夫妻陰陽成。
玄黃手指十個男：
天干就是指你們，

按定甲乙和丙丁，
戊己庚辛再壬癸。
玄黃又指十二女：
十二地支要記准，
子丑寅卯辰巳午未，
申酉戌亥都是名。
天干為夫又為陽，
地支為妻又為陰。

玄黃打道回洞府，
又召徒弟授機密。
此徒名叫泥隱子，
師祖面前垂手立。
玄黃便對徒弟講：
吾今有法傳你身，
一個葫蘆交給你，
後收洪水葫中存；
鐵筆三桿交給你，
畫天畫地認分明。
一支名叫畫天筆，
先畫日月與星辰；
二支名叫畫地筆，
畫出江河與山林；
三支名叫畫人筆，
一畫盤古來出世，

二畫女媧傳世人，
三畫天皇十二個，
四畫地皇十一人，
五畫人皇人九個，
六畫伏羲八卦身，
七畫神農嚐百草，
八畫軒轅治乾坤，
先畫眉毛並七孔，
次畫五臟六腑形，
再畫三百六十骨節生，
再畫血脈身上存，
最後才把三清化，
金木水火土成人形。

後　天

金鼓一住忙接聲，
今日歌場多知音，
盤古就要盤根本。
為什麼先天盡黑暗？
為什麼後天見光明？
盤古他是何方人？
怎樣出世怎樣生？
怎樣才把天地分？
怎樣才把日月請？

歌師請講我細聽，
我拜歌師為師尊。

緊打鼓，慢逍遙，
黑暗根源從頭道，
青龍山，崑崙山，
兩山都有萬丈高，
兩山相對感陰陽，
兩水相連樂陶陶，
青氣其中含，
赤氣其中包，
相混成圓物，
奇妙又奇妙。

自從浪蕩被屍分，
海洋才有崑崙山，
一山長成五龍樣，
天精地靈裡頭藏，
陰陽五行始聚化，
盤古懷在他中央，
懷了一萬八千歲，
世上才有盤古皇，
身長一尺，
天高一丈，
始分清濁有陰陽。

自從崑崙它長成，
不知過了多少春，
崑崙生出五條嶺，
五條嶺呈五龍形。
五龍口中吐血水，
彎彎曲曲多古怪，
血水聚在深潭內，
深潭裡面結仙胎，
盤古從此始孕育，
盤古從此長出來。
說起盤古有根痕，
當時乾坤未成形，
青赤二氣不分明，
一片黑暗與混沌，
乾坤暗暗如雞蛋，
迷迷濛濛幾千層，
不知過了多少年，
二氣相交產萬靈，
盤古懷在混沌內，
金木水火是他父，
土是盤古他母親，
天心地膽裡面生，
才有盤古一個人，
說盤古，講盤古，
多虧鴻鈞一老祖，

老祖當年揮鐵筆，
畫出盤古成人形。
一氣二氣來出世，
三氣四氣出頂門，
五氣六氣畫眉毛，
七孔八竅畫得清，
九畫十畫四肢出，
十一十二畫眼睛，
畫出骨節三百六十零根，
畫出汗毛十萬八千有零，
畫得頂平額角起，
畫得肝肺手連心，
九十一氣費盡心，
五行方位安其身，
渾身上下元氣足，
崩婆借像才出生。
盤古出世多古怪，
引出四句詩文來：
盤古出世雷聲響，
一股靈氣透天光，
衝開黑暗雲和霧，
小小微亮在西方。

盤古昏昏如夢醒，
伸腿伸腰出地心，

睜開眼睛抬頭看，
四面黑暗悶沉沉，
站起身來把腰挺，
一頭碰得腦殼疼。

盤古睜眼四下望，
四面五下黑茫茫，
黑水濤濤高萬丈。
盤古昏昏往前闖，
只聽叮咚一聲響，
撞在盤古腦殼上，
盤古頭暈心又慌，
手摸腦殼心暗想，
要把天地來分張。

盤古心中好納悶，
不分天地怎好行？
用頭頂，頂不開，
用腳蹬，蹬不成，
天為鍋來地為盆，
天無縫來地無門，
青絲嚴縫扣得緊，
看來還需費精神。

盤古奔波一路尋，

誓把天地來劈分，
往東方，東不明，
往南方，看不清，
往北方，霧沉沉，
往西方，有顆星。
盤古摘來星星看，
西方金星來變化，
變一石斧面前存，
不像金來不像銀，
不像鐵匠來打成，
原是西方庚辛金，
金精一點化斧形。
盤古一見喜十分，
連忙上前用手拎，
拿在手中萬斤重，
舞在空中萬點星。

盤古當時怒氣生，
一定要把天地分，
四面五下尋寶珍。
盤古忙忙四下尋，
天如鍋來地如盆，
迷濛不知幾千層，
青絲嚴縫扣得緊。
天無縫來地無門，

看來天地難得分。
盤古心中好焦悶，
忽見一物放光明，
走上前去細細看，
一把石鑿面前存，
它是上古一寶珍，
不是金來不是銀，
不是鐵匠來打成，
叫它大來它就大，
叫它小來不見形，
拿在手中重得很，
敲金坎是它的名。

盤古將斧扛在肩，
高高興興把路趕，
又是一山把路攔。
此山生得多奇怪，
身子圓來頂頂尖，
山上山下放豪光，
好似銀鑿捍青天，
盤古上前輕輕提，
一件珍寶手中端，
想它長來它就長，
想它短來它就短，
隨心應手能變化，

你看新鮮不新鮮。

盤古得寶心喜歡，
掄起斧頭就猛砍，
不顧累得出大汗。
東邊吹，西邊砍，
往上鑿，往下鑿，
聲如炸雷冒火星，
一斧砍斷混濁根，
一道青氣往上升，
化作九重大天門，
一股濁氣往下沉，
化作地獄十八層，
原來青赤二氣攪成團，
如今陰陽相分天地現。
盤古站在天地間，
身長一尺，天高一丈，
才有高天十八盤；
身長一尺，地厚一丈，
才有地獄十八變。
盤古分開地和天，
石斧銀鑿化雷電，
天地空清風雲合，
萬物生長有根源。

聞聽盤古分天地，
歌師真有好記性，
我在這裡拜師尊。
盤古初把天地分，
還是天黑地不明，
四下茫茫盡混沌，
波濤滾滾透骨冷，
日月何時上天庭？
為什又有滿天星？
怎麼又有風雲會？
怎麼又有雨淋淋？
盤古後來哪去了？
是死是活是為神？
三山五嶽哪兒來？
人苗初在哪兒生？
歌師自來有學問，
還請仔細講分明，
才算歌壇一能人。

歌師你且慢消停，
我把根由說你聽，
不詳之處儘管問。
盤古分了天和地，
天地依然是混沌，
盤古心裡好煩悶，

要找日月二星君。
來到東方看分明，
見有高山豪光隱，
道路壅塞難通行。
盤古舉斧便亂砍，
一輪紅日現出形，
裡面有予太陽洞，
洞中住著太陽神，
洞中有棵扶桑樹，
太陽樹上安其身。
太陽相對有一洞，
劈開也見一座門，
門裡有棵梭欏樹，
樹下住的是太陰。
二神見了盤古面，
連忙上前把禮行：
天地既分海水清，
缺少光明照乾坤，
你今來意我曉得，
要我二人升天庭。
盤古聽了心歡喜，
連聲致謝又相請，
太陽太陰上了天，
從此天下見光明，
太陽太陰兒女多，

從此又有滿天星，
夫妻二人相交和，
從此風調雨又順。

聞聽盤古請日月，
還有古事要明白：
先天時候有一神，
皮羅崩婆是姓名，
一日崩婆見師尊，
請求師祖發慈悲。
萬國九州無日月，
切望開天四方明。
世尊講給崩婆聽，
日月故事妙得很：
日月出在咸池內，
一男一女是夫妻，
月姓唐來日姓孫，
唐末孫開是他名。
師尊又把地神喚，
差他去把日月請，
地神行到咸池海，
孫開唐末遠相迎，
地神坐下開言道，
來請二位見師尊。
日月聽後心思想，

上天夫妻兩離分，
回答地神不願去，
地神無奈返天庭。
世尊又把崩婆叫，
要他再往咸池請，
口授真言有七字，
日月定往手中行。
崩婆來到咸池海，
就把真言念不停。
日月果然忙不住，
一起站到手掌心。
世尊一見心歡喜，
開口再對崩婆云：
日月二君交給你，
有勞弟子費辛勤。
差你帶往東土去，
專等盤古來相請。
崩婆又把師傅拜，
「弟子何處去逃生？」
世尊當時來吩咐：
變做仙核一樣形，
專等鴻鈞老祖到，
借像還魂再現生。

我今賜你斧與鑿，

將來你把天地分，
開天首君便是你，
陽壽一萬八千春。
崩婆再把師傅拜，
「孤身一人怎劈分」？
世尊又將神將賜，
八百神將隨他行。
崩婆來到太荒村，
左手放下太陽神，
右手放出太陰星，
日月二宮都安了，
又安巡更過天星，
安下天宮九耀星，
安下二十八宿星，
南極老人朝北斗，
紫薇星君坐天廷，
又安牛郎織女星，
天河阻隔兩離分，
諸般星斗安停當，
自己變做仙桃形，
日後鴻鈞舞鐵筆，
才有盤古借像生。

盤古開了天和地，
準備後山去修行，

忽聽前面師尊叫，
佛祖開口把話云：
差你咸池走一程，
相請日月上天庭。
盤古聽了心納悶，
道行淺來根不深，
日月如果請不動，
怎有臉面回師尊？
無奈還是往前行，
一路逍遙觀風景，
摸到咸池好驚人，
咸池原來有根痕，
咸池是個大海洋，
寬有九萬有餘零，
深有萬丈不見底，
日宮月殿裡面存。

盤古洞口把話論，
相請二神上天庭，
日神月神好夫妻，
孫開唐末有姓名，
誨中金子配水精，
陰陽媾和難離分。

二神直對盤古講，

不願上天照乾坤。
盤古無奈轉回程，
來到蓮台稟師尊：
我到咸池枉費心，
日月不願出洞門，
師傅賜他寶和珍，
又賜咒語有奇能，
令他再往咸池去，
管包功到自然成。
盤古二向咸池請，
日月不理也不聽，
盤古一見怒生嗔，
七字咒語念分明，
「暗夕姐多撥達羅」，
咒得日月心大驚。
孫開唐末無計生，
跟隨盤古上天庭，
夫妻一月見一面，
才有日落和月升。

日月星君上天庭，
滿天星斗眾了孫，
乾坤之內都光明，
若問周天有多大？
三百六十五度整，

若問極地有多深？
一百八十有餘零。
玄黃化無極，
無極生太極，
太極生兩儀，
兩儀生四象，
四象生八卦，
八卦分陰陽。
陰陽有序萬物長，
功績還在盤古皇。
盤古從此隱蹤影，
渾身配與天地靈。
身配五嶽巍巍樣，
目配日月晃晃明。
毫毛配與草木秀，
血配江河蕩蕩流。
頭在東嶽泰山頂，
腳在西嶽華山嶺。
肚挺嵩山半天雲，
左臂南嶽衡山樹。
右臂北嶽恆山林，
肌肉入田土，
骨頭金石成，
精髓為珠玉，
汗流變雨淋，

諸蟲隨風化，
才有眾黎民。

盤古身化五嶽嶺，
又配五方分五行，
頭合東方甲乙木，
腳配西方庚辛金，
面合南方丙丁火，
背合北方壬癸水，
身配中央戊己土，
天地合和萬物生。

泡　天

盤古分開天和地，
陰陽交和萬物生，
又有洪水泡天庭。
再向歌師把教領：
洪水泡天為何因？
誰逞兇狂誰個治？
人苗何處來藏身？
洪水泡天有幾番？
黑暗混沌准為先？
乾坤劫數何時滿？
誰個才把後人傳？

高明歌師請細講，
糊裡糊塗莫亂談。

聞聽歌師問泡天，
我來從頭講根源。
盤古初把混沌分，
天地劫數還未滿，
三番洪水泡天庭！
命中注定有磨難，
三番洪水三分天，
才有人世往下傳。

洪水泡天有三番，
相繼一萬八千年，
沒了日月沒了星，
四處都是黑暗暗，
沒了萬物沒了人；
五神六仙定會元，
一元分為十二會，
十二會滿為一圓，
若還十二會圓滿，
定是天地生死卷。

自從洪水泡了天，
各路神仙出玉殿，

紅水泡了天，
鴻鈞老祖現，
黑水泡了天，
昊天走靈山，
清水泡了天，
末葉他為先。
佛祖出了須彌洞，
佛祖出了玉虛殿。
提起靈山須彌洞，
昊天老母傳仙根。
老母原是金石長，
悟得玄機知長生。
老母她在洞中坐，
洞中一片悶沉沉，
喚了徒弟出洞去。
靈山頂上走一程。
站在靈山頂上望，
一片洪水好嚇人，
兩條長龍在爭鬥，
二龍相鬥氣騰騰，
一條黃龍一條黑，
黃龍捲起浪滔天，
黑龍駕著烏雲行。
開始黃龍逞威風，
抓得黑龍血淋淋，

當時黑龍來聚會，
弟兄五個齊上陣，
黃龍慌忙來逃命，
直奔靈山洞府門。
昊天老母面前跪，
便對老母把話稟：
可恨黑龍它無道，
激起洪水泡天庭，
如今此處也震動，
怕將玉虛一掃平，
只恐我等難活命，
特請太荒上古神。
老母聽了黃龍語，
拍案大怒發雷霆，
急招崑崙五弟兄，
都是陰雷為雷君。
陰雷五人齊來到，
神通廣大無比倫，
大哥用的開天斧，
上古太荒貴寶珍，
叫它大來萬斤重，
叫它小如繡花針。
二哥神通也無比，
他能口中吐紅雲，
紅雲似火能纏身，

金石頓時化灰燼。
三哥能使千斤錘，
四哥有棍重千斤，
五弟使把斬妖劍，
此劍變化大得很。
陰雷弟兄領了令，
上陣個個有精神，
二哥口吐紅雲火，
照見五龍怪身形，
大哥舉起開天斧，
去劈黑龍古怪精，
三哥揮錘上去打，
四哥舉棍也來迎，
五弟又用斬妖劍，
要與妖龍比輸贏。
五龍弟兄不示弱，
擺開陣式奮力爭。
龍口吞下紅雲火，
龍尾橫掃賽金棍，
龍身避開斧錘劍，
龍爪直挖雷眼睛。
昊天老母看得真，
忙取珍寶手中存，
左手拋出定天珠，
右手又發止水針，

直奪五龍黑妖精，
七竅流血逃性命。
一番洪水由此滅，
老母遂把封號贈，
五雷弟兄封將軍，
黃龍去守西天門。

黃龍為謝聖母恩，
生下三個龍蛋子，
三個龍蛋放光明。
聖母一見心歡喜，
將蛋吞在腹中存，
吃了三個龍蛋子，
腹中有孕上了身，
懷孕不覺三十載，
正月初七才出生，
一胎生下人三個，
聖母一見甚歡欣。
長子取名叫定光，
次子后土是他名，
三子就用婆娑稱，
須彌洞中來長成。

一番洪水才平靜，
二番洪水又來臨，

為是天數還未到，
黑龍又把水來興，
黑水騰騰四處起，
它把天地淹乾淨，
玄黃化的天和地，
此時天塌地又崩，
只見黑浪滔滔起，
上古諸仙難逃生，
昏昏沉沉無時辰，
黑黑暗暗無光明。
有個老母黑天坐，
她是石龍變化成，
神通她比別人大，
石龍老母是她名。
老母知道氣數到，
洪水就要泡天庭，
將身來到花山上，
要喚紅花一女神。
紅女便將老母問：
「你是哪方來的人？
找我為的啥事情？
石龍老母開言道：
我是上古一真神，
知道天地壽圓滿，
就有洪水泡天庭，

你快拜我為師傅，
隨我一路好逃生。
紅女聽得如此情，
連連就把師傅稱，
老母賜她一名號，
鐵腳老母化真金。
師徒二人上山頂，
果見洪水把天崩，
石龍叮囑紅花女，
趕快閉緊二眼睛，
直到耳中不聞響，
才能抬頭把眼睜。
石龍老母吹口氣，
師徒直飛靈山頂，
鐵腳老母遵師言，
雙目閉得緊沉沉，
只聽波濤響連天，
耳中風聲如雷鳴，
老母就是不抬頭，
不看不聞好清靜，
一氣飛到崑崙山，
師徒才把腳步停，
老母才敢抬頭看，
老母才敢睜眼睛。
只見眼前紅光起，

紅光一閃化一人，
龍的腦殼人的身，
巨齒獠牙口外伸，
手拿靈珠和拐棍，
匯聚天精化人形。
此人法名叫台真，
台真又把玄天生，
玄天靈珠有四顆，
引出四句好詩文：
一顆靈珠綠艾艾，
二顆靈珠土裡埋，
三顆天上引日月，
四顆潭裡結仙胎。
玄天拐棍藏靈丹，
靈丹能把天地點，
二番洪水霎間消，
又見日月和山川。

三番洪水三分天，
鴻鈞他才把身現，
聽我細講莫打斷。
鴻鈞來到蓬萊山，
只見洪水又氾濫，
還是五龍在作怪，
抱著葫蘆鬧滾翻。

老祖急把五龍喊，
五龍聞聽嚇破膽，
丟了葫蘆忙逃命，
逃命不成歸黃泉。

提起鴻鈞一神仙，
尋根還要問先天，
聽我細講莫賺煩。
先天唱起立引子，
後天唱到末葉神，
當日海蛟把天滅，
洪水泡天無有人，
只有先天立引子，
四大名山來遊行，
引子歡看荷葉發，
荷葉上面起根苗，
忽見水泡成人形，
取名末葉有根痕。
末葉當時抬頭看，
陰山流水有響聲，
一具浮屍水上漂，
生下孩兒有三個，
首生長兄名鴻儒，
頭頂掛著一葫蘆，
放出綠水泡天地，

綠水青山到如今。
二弟鴻皓來出世，
頂上也有葫蘆存，
葫蘆放的是黑水，
黑水滔滔好嚇人，
最後出世是鴻鈞，
她為人形是女人，
引子當時把媒做，
配給末葉成夫妻，
鴻鈞也頂一葫蘆，
葫蘆放的是紅水，
後來紅水泡天地，
葫蘆就在水上行。

說起弘儒兄妹們，
還有一段好戲文，
得向須彌洞中尋。
須彌洞中十二人。
太荒山上得道行，
一為接引老道人，
二為菩提老神君，
三為彌勒四張賢，
五為通天道主身，
六為斗母稱名號，
七為青眉老仙神，

八為天尊號元始，
九為玄女娘娘身，
十為麥芽稱老祖，
十一太清上古神，
十二年紀她最小，
上古白石來化身，
名為娘娘號白妃，
黑暗修得道行深。

白妃娘娘洞中坐，
只覺心中好煩悶，
黑暗之中上崑崙，
來到崑崙高山頂，
崑崙山上三口井，
一口井中出綠水，
二口清來三口渾，
娘娘喝了三口水，
面紅耳赤動春心，
回到洞府就懷孕，
一胎懷下三精靈，
長子取名叫弘儒，
二子弘浩是他名。
老三年齡他最小，
取名就叫小鴻鈞。
提起鴻鈞他的根，

他的來頭大得很，
他是上古三太老，
原是一條枯蓮根，
他與定光同一寺，
都是太荒脫人形。
金水相生得精氣，
白妃娘娘腹中存，
後與定光來相會，
原是上古緣分定。
鴻鈞他把定光問，
天地幾時才生成？
定光當時開言道：
磨難過去自然成，
子會生天青氣現，
丑會生地萬物靈，
寅會三皇要出世，
卯會才有五帝君，
辰會上面天地子，
巳會生出九州人，
午會開朝君臣定，
未申百姓亂紛紛，
酉會之時收成少，
戌亥會上容易渾，
定光講完十二會，
三卷天書給鴻鈞。

鴻鈞根由告一段，
再將洪水後事言，
鴻鈞治了五龍怪。
急把五龍葫蘆撿，
帶回洞中仔細觀，
葫蘆走出兩孩童，
一個女來一個男，
本是攣生兩兄妹，
二八妙齡好美豔。
老祖上前問原因，
為何生在葫蘆內？
為何海中來冒險？
二人當時訴根源：
我倆本是先天生，
崑崙山上好耍玩。
崑崙山上岩石縫，
忽生一根葫蘆藤，
藤子牽有千丈長，
一隻葫蘆由它生，
葫蘆見了我倆面，
言說洪水要泡天，
要我鑽進它肚內，
裡面地平天又寬，
我倆鑽進葫蘆內，
洪水一下泡了天，

藏在裡頭躲災星，
不知過了多少年。

老祖聽罷心歡喜，
就勸二人做夫妻，
「如今世上無男女，
怎傳後代眾黎民？」
童女這時把話云：
「哥哥與我同娘生，
哪有兄妹結為婚？」
老祖又把理來論，
「只因洪水泡天庭，
世上只剩你二人，
其他雖有人無數，
卻非父母賦人身，
有的金石為身體，
有的樹木成人形，
有的水蟲化人像，
有的鳥獸變人形，
有血有肉是真身，
兄妹二人正相姻，
生男育女傳後人。」
童女一聽又答話，
「請聽我來說原因，
若要兄妹成婚配，

你的金龜把話應。」
金電果然開了腔，
「叫聲童女你是聽，
混沌初開有男子，
世上哪有女子身？
一來不絕洪水後，
二來不絕世上人，
兄妹二人應成親。」
童女一聽怒生嗔，
石頭拿在手中心，
將石就把金龜打，
打成八塊命歸陰。
童男忙把金龜湊，
八塊合攏用屎淋。
金龜頓時又活下，
開口再把話來明，
「叫聲童女姑娘聽，
生也勸你為夫妻，
死也勸你為婚姻。」
童女這時細思量，
終於點頭把親允。

兄妹二人成了婚，
還有一段稀奇情，
我來講給諸位聽。

若問兄妹是誰人？
童男他本伏羲祖，
童女就是女媧根，
他們都隨混元去，
跟著混元去修行，
等到轉胎重出世，
才有帝君掌乾坤。
伏羲出世無黎民，
便對妹妹把話云，
「世上無人怎麼行？
你看怎麼來調停？
不如我倆成婚配，
生兒育女傳人倫。」
女媧聽講把話論，
「我倆能否成婚姻，
要看天意怎麼定，
我今先把深山進，
你在後面細找尋，
若是能夠找到我
證明先天有緣分。」
女媧講罷進山林，
一時三刻無蹤影，
伏羲依言將她找，
就是不見影和形。
伏羲一時好傷心，

獨在山林悶悶行，
忽見一隻金龜至，
主動上前把路引。

伏羲尋妹暫不論，
插上一段鼓外音，
當初混沌還未分，
一隻金龜就出生，
不覺十萬八千春，
修道悟法天地靈。
那日它在靈山上，
心血來潮不安寧，
知道伏羲是天星，
兄妹成婚有緣分，
將身就把山林進，
引著伏羲一路行，
山回路轉不費勁，
一下找到女媧身。

女媧一見心惱恨，
指著金龜罵連聲，
硬為兄妹做媒人，
天做主來地為證，
兄妹終於結婚姻。
一日女媧懷了孕，

懷胎二十四月整，
生下男女人兩個，
男名伏生女安生，
女媧又對伏羲稱，
「只有我倆生兒女，
怎傳千千萬萬人？
不如再用泥和土，
做成土人配精靈。」
伏羲聽了心歡喜，
夫妻二人忙不停，
挖出黃泥把人塑，
泥手泥腳泥眼睛，
再將血肉來相配，
接收天精和地靈。
剛剛把人做齊整，
突然天降大雨淋，
二人一見慌了神，
拿起掃帚掃泥人，
泥人掃進洞府內，
免遭風吹和水浸。
不覺過了一夜整，
泥人個個成活人，
男男女女一大群，
行走說話樣樣能，
只因泥人未晾乾，

掃帚掃後變了形，
有的癱子又駝背，
耳聾眼瞎有原因。

治　世

洪水泡天磨難盡，
天青地明水也清，
三皇五帝治乾坤，
這裡再把歌師請，
天皇之事可曉明？
天皇出世人多少？
天皇弟兄共幾人？
怎麼來把天下治？
一共過了多少春？

金鼓一住莫消停，
聽我慢講天皇根；
天皇出世有原因，
他是上古早排定，
弟兄一共十三個，
共同才把乾坤定；
天皇出世人煙稀，
淡淡泊泊過光陰，
不知歲月與年數，

不分寒暑與冬春。
天皇弟兄來商議，
創立天下定年歲
又立地支十二名，
一年分為十二月，
春夏秋冬四季明。

天皇兄弟上靈山，
靈山上面散精神，
看到靈山菊花景，
菊花樹開九月零。
他們又到雪花洞，
雪花洞前新見聞，
五黃六月流清水，
十冬臘月雪紛紛，
露水結霜冬月到，
水結冰凌臘月臨，
天皇兄弟看得細，
分出四季有章程，
桃樹開花春乍到，
蓮花盛開夏降臨，
秋有菊花來報信，
臘梅花開冬雪景。
天皇治世世安寧，
整整一萬八千春。

按下天皇暫不論，
再問地皇一段情，
還請歌師講分明。
地皇何時來降生？
怎樣才把龍位登？
兄弟一共多少人？
為民做了啥事情？

地皇他也有根痕，
原在龍門修道行，
弟兄共有十三個，
龍耳龍門洞中生，
繼承天皇登龍位，
為民操心忙得很。
他們初把月數定，
他們初把晝夜分，
十二地支十二時，
日為陽來月為陰，
三十日來為一月，
一月之中含三旬，
治世一萬八千歲，
才有人皇接乾坤。

人皇出生在哪裡？
一姓共有幾多人？

幾人幾處治天下。
幾人何處教黎民？
怎麼才把地像現？
怎麼才使天太平？
歌師能把根源講，
才算歌場人上人。

按下地皇我不提，
再把人皇根底敘：
人皇兄弟共九人，
行馬山前來出身，
九人九處治天下，
他在中央管萬民，
一人管中州，
一人管湖州，
一人管江州，
一人管佛州，
一人管鴻州，
一人管遼州，
一人管山州，
一人管鄱州，
一人管雲州，
九人九處治天下，
天下九州都太平。
造雲車，觀地象，

東南西北才摸清，
選才德，用能人，
從此才有君臣分。
當時黎民生活苦，
渴靠清泉飲，
飢摘野果吞，
寒用樹葉遮其身，
男女交歡無區分，
只知有母無父尊。

人皇理世有人性，
經過一萬八千春，
才出八十女皇君，
哪一氏，生禽獸？
哪一氏，修路行？
哪一氏，架雀巢？
哪一氏，取火星？
哪一氏，造字文？
哪一氏，聽鳥音？
哪一氏，造琴絃？
哪一氏，造蘆笙？
在下再把仁兄請，
還請歌師講分明。

歌師問得有學問，
講起三皇到五帝，
八十女皇果然真。
五龍氏，生禽獸，
豺狼虎豹遍地行；
鉅靈民，開險處，
修出水旱道路平；
皇覃氏，出鳳凰，
六隻鳳凰一路行，
後分六處傳子孫；
有巢氏，人吃獸，
架起雀巢蔽陰晴，
百姓專打鳥獸吞；
燧人氏，取火星，
鑽木取火巧得很，
生冷食物始烹飪；
史皇氏，造字文，
仿照鳥獸腳跡印，
萬物各色始有名；
祝融氏，聽鳥音，
樂章使得人氣活，
能引天神和地靈；
女媧氏，造蘆笙，
開了教化育子孫，
愚昧也能變聰明。

說得是來道得真，
又把伏羲問一聲，
歌師你可記得清？
伏羲怎樣來出世？
生於何方何地名？
怎樣來把天下治？
怎樣作為定乾坤？
怎樣來把百姓教？
怎樣來把禮儀興？

金鼓一住又接起，
下面唱的是伏羲，
聽我慢慢道根底。
太昊聖母名華胥，
看看日落西山地，
荒郊野外閑遊戲，
忽見巨人一足跡。
太昊聖母動了意，
心中思想亂絮絮，
感動上天那虹霓，
五色祥雲飛下地，
纏住聖母交情意，
不覺有孕附身體。
懷孕一十四年整，
生下伏羲一郎君，

生地就在成紀城，
甘肅鞏昌留名勝。
伏羲先天有根痕，
生得人頭卻蛇身，
三十歲上坐龍廷，
他是五帝開首君，
在位一百一十年，
天下萬民都安寧。
伏羲皇帝觀天象，
日月星辰山川形，
一日孟河起祥雲，
一匹龍馬降紅塵，
滿身長的河圖樣，
身高八尺有餘零，
伏羲一見心歡喜，
河圖洛書傳後人，
畫出八卦達神明，
乾卦坎卦與艮震，
還有巽離加兌坤。
陰陽順逆輪流行。
伏羲皇帝治禮儀，
教人來嫁娶，
始起婚姻禮，
女兒嫁與男為妻。
伏羲皇帝觀風景，

風吹樹聲真好聽，
砍下樹木來造琴，
五根琴絃相五行，
琴長三尺零六寸，
面圓底方天地形。
伏羲治世民太平，
後出共工亂乾坤。

共工本是一帝君，
貪色無道失民心，
祝融一見怒生嗔，
領兵與他來相爭。
共工大敗走無門，
當時心中氣不平，
怒火燃到頂門上，
不周山前頭亂頂，
一頭撞崩不周山，
撞斷擎天柱一根，
崩了北方天一角，
天地頓時變了形，
天地動盪不安寧，
女媧見了怒氣生，
飛劍去把共工斬，
除了一個禍害精。
好個女媧手段能，

又煉彩石補天庭，
砍斷鰲足立四極，
地傾東南到如今，
聚灰又把洪水止，
天下方又得安寧。
百姓一見心歡喜，
就尊女媧為上君，
女媧在位三十年，
才有神農來降生。

提起神農有根痕，
他是少典所親生，
母親嶠氏女賢能，
名號安登老夫人，
她與少典配為婚，
生下兩個小嬌生，
長子石蓮是他號，
次子神農是他名，
石蓮去到崑崙山，
崑崙山上去修行，
神農長在姜水邊，
因此才有姜為姓，
南方丙丁火德王，
又號炎帝為皇上。

神農皇帝本姓姜，
出生卻在烈山上，
母親華陽去觀景，
正看一路好風光，
一條神龍自天降，
安登心裡頓發慌，
不知不覺懷了孕，
生下一個好兒郎。
神農出世不尋常，
牛首人身聖人相，
九眼青泉同時湧，
九井相通水汪汪，
原是天賜甘露水，
弄得滿室噴噴香。
生下三天能說話，
五天走路不晃蕩，
七天牙齒都出齊，
身高八尺七寸長，
三歲便知耕耘事，
才有五穀傳四方。

神農他在姜水長，
當時百姓少食糧，
野果怎能來充飢，
人人餓得面皮黃。

神農心疼眾百姓，
暗暗在把辦法想，
忽見天遣神鳥來，
嘴銜種子五彩樣，
五穀深山把身藏，
神農便把深山訪。
一日上到羊頭山，
粟籽一顆寄樹上，
此時棗樹正結果，
滿樹棗子紅彤彤。
神農忙把粟籽取，
就近開出田一方，
造下木犁帶手把，
翻開泥上播種忙，
從此才有粟穀長，
小米做飯噴噴香。
神農尋到大梁山，
一顆稻籽閃金光，
稻籽躲在柳林裡，
神農撿來田中藏，
從此才有稻穀收，
大米更比小米強。
豆籽落在維石山，
桃花叢中有點亮，
神農種出大豆來，

能做豆芽磨豆漿。
麥子落在朱石山，
大麥小麥不一樣，
神農耕種十二次，
才有饃饃和麵湯，
唯有芝麻最難尋，
武石山上棘林莽，
芝麻寄在荊樹上，
神農取回田裡放，
芝麻開花節節高，
芝麻榨油噴噴香。
神農教民把田耕，
出來七十二毒神，
滿天布下瘟疫症，
害得百姓不安寧。
神農治病嚐百草，
三山五嶽都走盡，
一日而遇七十毒，
幾乎一命歸天庭。
幸有藥獅來相助，
還有赭鞭顯神靈，
識破七十二毒神，
紛紛逃進大山林，
自古良藥平地生，
毒藥盡在山林存。

神農一追追到底，
判出毒神眾姓名，
以毒攻毒辦法好，
還陽藥草有來因。

神農皇帝費精神，
教民嚐草識藥性，
教民按時把田耕，
教民集市貿易興。
男子耕田女採桑，
天下萬民都歡欣。
神農座位居於陳，
治世一百四十春，
東西南北都走遍，
崩在長沙茶陵城。

神農皇帝掌乾坤，
千家萬戶都歡迎，
唯有夙沙太欺心，
要反神農有道君，
大臣箕文勸不可，
夙沙只是聽不進，
百姓群集心大怒，
齊殺夙沙一反臣，
夙沙孤寡不能敵，

嗚呼哀哉命歸陰。

神農皇帝歸了天，
長子臨魁坐江山，
一共坐了八十年，
皇位又向帝承傳，
帝承在位六十載，
帝明繼位四九春，
帝宜五十九年崩，
帝萊六十八年整，
帝裡四十三年頭，
才有節莖來出生，
節莖又生帝克戲，
克戲才生愉罔君，
前後五百二十春，
江山一旦付公孫。

自從神農皇帝崩，
愉罔他來治乾坤，
只因愉罔多無道，
反臣蚩尤大興兵，
愉罔害怕蚩尤凶，
悄悄遷都讓反臣。
蚩尤兄弟八十一，
人人都有高本領，

愉罔急把軒轅求，
才斬反臣涿鹿郡。

提起軒轅有根痕，
聽我仔細講分明，
他父名喚有熊君，
母親寶附老夫人，
寶附一日荒山行，
夜做一夢好吃驚，
只見大霓現天庭，
繞著北鬥不留停，
忽然一下落了地，
緊緊纏著她的身。
夫人一見動春心，
從此身懷有了孕，
懷始二十四月整，
兩年滿了才臨盆，
就在河南新鄭城。
生下軒轅一奇人。
寶附見了喜十分，
連忙取號定姓名，
取名就叫軒轅氏，
又呼大號曰公孫，
北方水德旺，
黃帝管萬民。

軒轅黃帝名德君，
要殺蚩尤氣才平，
領兵便把蚩尤會，
誰知開戰便吃虧。
蚩尤兄弟本領大，
銅頭鐵額興人馬，
口吐黑氣霧沉沉，
漫天飛塵和走沙，
黃帝兵敗如山倒，
後退千里把營扎。

軒轅戰敗心發悶，
睡在床上不安神，
迷迷糊糊做一夢，
夢中情景好嚇人：
一陣狂風捲沙塵，
一隻猛虎驅羊群，
三皇手把鉤竿舉，
口中唸唸似有聲。
軒轅夢醒自思忖，
必有高賢此方存，
仔細訪來仔細尋，
果然找到二賢能。
就是風後和力牧，
二人本事高得很。

軒轅再與蚩尤戰，
風後力牧隨軍行，
造起指南車，
擺下八卦陣，
九天玄女授天書，
蚩尤法術再不靈。
風後吹得狂風起，
東南西北分不清，
力牧趕著戰車沖，
殺得地暗又天昏，
蚩尤被困走無門，
涿鹿之野喪殘生。
斬了蚩尤天下喜，
小國個個都畏懼，
共尊軒轅為皇帝，
從此才把炎帝替。

軒轅黃帝有道君，
心裡想著眾百姓，
他命大橈作甲子，
天干地支配分明；
他命隸首作算術，
十個數字有起因；
他命伶倫造律今，
世上才有樂章存，

他命車區製衣襟，
百姓才把衣裳興；
他命岐伯作《內經》，
一部醫典傳如今。
軒轅在位一百載，
少昊接位治乾坤，
天降神龍來相迎，
他騎龍背上天庭。

少昊本是軒轅子，
皇帝元配嫘祖生，
生在山東曲阜城，
占了金德方為君。
少昊登位坐天下，
當時鬼怪害黎民，
東家也把鬼來講，
西家也把鬼來論，
白日黑夜都出來，
龍頭金睛嚇壞人。
只因少昊福分淺，
無法制服鬼怪精，
在位八十四年整，
兗州西阜把命傾，
雲陽山上葬其身，
又出顓頊把位登。

提起顓頊也有名，
他是軒轅後代根，
昌意便是他的父，
母親昌璞女佳人，
顓頊高陽登龍位，
後在濮陽把駕崩，
在位七十有八年，
終將鬼怪掃除盡。
顓頊仁君多善念，
齋戒沐浴祭上神。
東村有個小兒鬼，
每日家家要乳吞，
東村人人用棍打，
打得骨碎丟江心，
次日黑夜又來了，
東村人人著一驚，
將它緊緊來捆綁，
繫上石頭水底沉，
次日黑夜照樣來，
擾得百姓難安寢。

顓頊聽得百姓報，
眉頭一皺計便生，
他教百姓挖樹心，
樹心裡面掏乾淨，

捉住小鬼樹中藏，
上用牛皮來蓋緊，
四周再把釘子釘，
密密麻麻要周正。
小鬼從此難脫身，
東村從此得安寧。
西村又出一女鬼，
披頭散髮迷倒人，
她是披髮女妖精，
結夥出來害百姓。
顓頊又把西村教，
挖樹做鼓鬧騰騰，
又把黃衣神人請，
腰帶弓箭威風凜。
黃衣神人到西村，
空樹之中捉妖精，
女妖騰雲衝天上，
黃衣神人隨後跟，
搭弓射箭不住手，
射得女妖鮮血淋，
前後不過一時辰，
女妖紛紛把命傾，
西村從此也安寧。

顓頊皇帝把駕崩，

帝嚳高辛來繼承，
高辛本是喬極生，
靠有木德為帝君，
子合建都坐龍廷，
如今河南偃師城。
高辛登位不走運；
出了房王一反臣，
房王興兵來作亂，
眼看高辛位不穩，
高辛忙把群臣招，
一個願望許得明：
誰能斬得房王首，
定把黃金美女贈！
高辛有只五色犬，
常隨左右不離身，
這時聽了高辛話，
立即上前把命請。
高辛一見心中喜，
重賜肉包給它吞，
哪知王犬佯不睬，
臥睡一日不領情。
高辛此時細思量，
莫非我犬要封贈？
就封犬王為稽王，
又賜黃金和佳人。

王犬立刻來謝恩，
竟與美女結成婚，
後生五男並六女，
才是狗頭國的根。
王犬去把房王見，
正遇房王睡得沉，
一口咬下房王頭，
銜回首級來覆命，
高辛見了才歡喜，
從此跟犬更相親。

高辛娶了陳氏女，
慶都便是她的名，
慶都剛滿二十歲，
忽有黃龍來附身，
懷孕二十四月整，
丹陵之下生龍君；
高辛又娶諏訾女，
常儀便是她的名，
常儀也把一子生，
子摯生來不聰明。
高辛還有兩愛妃，
天生麗質留美名，
元妃姜塬生稷子，
次紀簡狄生契身。

高辛活到七十二，
頓丘山上葬墳塋。
先有子摯繼龍位，
子摯不才政事渾，
黎民將他把罪問，
他才讓位給堯君。

堯帝生在丹陵城，
姓尹名祁有德行，
國號就叫高唐氏，
身占火德掌乾坤。
當時災難害黎民，
天道無常人遭瘟，
十個太陽同時出，
烈焰當空熱難忍，
禾苗樹木全曬死，
人人地穴去藏身，
又加狂風吹不停，
房屋頓時掃乾淨，
還有三個怪獸禽，
大獸大蛇大豬精，
三怪同時來咬人，
百姓嚇得掉了魂。
堯帝便把后羿派，
要叫后羿把妖平。

后羿弓箭如天神，
奉命披掛忙出征，
首先便把三怪射，
斬盡殺絕不留情，
接著又與風伯鬥，
馬上風靜天空明，
最後他才射日頭，
累得渾身汗淋淋，
一箭一個太陽落，
兩箭雙日墜埃塵，
一連射出九支箭，
九個太陽不見形，
后羿又把箭來取，
忽聞空中如雷鳴，
日光仙子發了話，
叫聲后羿你是聽，
如今妖星都除盡，
要留紅日照萬民。
后羿當時就跪拜，
拜謝日光太陽神，
從此陰陽總有序，
萬物生長好乾坤，
堯帝賞了大功臣，
百姓也把后羿尊。
堯帝在位七十二，

甲辰年間登的位，
癸未之年把駕崩。
堯帝有子名丹朱，
卻是一個不肖生，
遠遠放到房山陵。
堯帝讓位給許由，
許由躲到箕山陰，
堯將帝位讓子交，
子交推說他有病。
堯帝當時好納悶，
誰是江山繼承人？
一日他把厲山上，
見到大舜正力耕，
問到天下大事情，
對答如流真精明，
堯帝便把龍位讓，
從此舜帝掌乾坤。

舜帝出世根痕深，
他是軒轅八代孫，
軒轅有子名昌意，
昌意又把顓頊生，
顓頊生窮蟬，
窮蟬生敬康，
敬康生句望，

句望生嶠牛，
嶠牛生兆牛，
兆牛生瞽瞍，
瞽瞍娶妻握登女，
姚墟之野生舜君。

舜君出世苦得很，
三歲之上喪母親，
父親又把後母娶，
後母涂氏少德性。
涂氏生下一男兒，
舜帝有弟叫象名，
後母視象如珍寶，
只把舜作外家人，
一心想把舜帝害，
幾番下毒未得逞，
多虧舜帝福分大，
毒藥盡被黃狗吞。
舜帝長到二十歲，
去到厲山把田耕，
有空就把雷澤下，
雷澤邊上做漁人，
時常牧羊演河邊，
又製陶瓦在河濱。

舜帝得見唐堯君，
堯帝將女嫁給舜，
長女名字叫娥皇，
次女有名喚女英，
堯帝還把舜帝償，
又是牛羊又倉廩。
舜帝回家見父母，
繼母頓時生妒心，
象弟設下一毒計，
悄悄說與瞽瞍聽，
父親叫舜上倉廩，
象弟放火黑良心，
大舜看見一斗笠，
拿起當翅能飛行。
象弟一計未得逞，
又獻一計給父親，
父親要舜去淘井，
象弟隨後推石滾，
要用石頭把井填，
想叫舜帝命歸陰。

哪知他家那口井，
卻是狐精一後門，
九尾狐精早知曉，
早將小狐安排定，

舜帝剛把井底下，
便有狐精把路引，
徑直回到臥房內，
漫撥琴絃好散心。
父母二人與象弟，
還在井邊把地平，
忽聞房裡琴聲響，
走進一看掉了魂，
方知舜帝有神祐，
害舜之心從此停。

舜為天子號有虞，
不記象仇講仁義，
流放共工幽山地，
又放歡兜崇山裡，
殺滅三苗於三危，
羽山之野平鮮於，
在位共是五十年，
然後皇位讓大禹。

舜困巡獵崩蒼梧，
娥皇女英心中苦，
終日依枕嚎啕哭，
淚水漲滿洞庭湖。
舜帝有子名商均，

商均生來少城府，
舜帝傳位給禹王，
大禹治水傳千古。
禹王國號曰有夏，
他本軒轅後代孫，
父親名鯀為水官，
母親華氏老夫人。
當年舜帝把命下，
令鯀速將水患平，
鯀向天帝盜息壤，
以土淹水事不成，
獲罪斬首在羽山，
後事留給禹王辦。
禹王治水多辛勤，
疏九河來鑄九鼎，
從此九州才有名。
三過家門而不入，
決汝汩排淮泗，
瀹濟漯河都疏通，
引得諸河歸海中。
一十三年得成功，

天下無水不朝東。
禹王治水多辛勤，
一飯食其身，

慰勞民間情，　　　　　　平息水患千秋功，
外出見罪人，　　　　　　黎民百姓樂太平。
下四問原因，
聞有冤情生，　　　　　　禹王在位二十七，
兩眼淚淋淋。　　　　　　南巡諸侯至會稽，
左規矩，右準繩，　　　　一旦殂落歸天去，
不失尺寸得百姓，　　　　至今江山留勝蹟。

摘自《神農文薈》黑暗傳研究專輯 1994 年

附：

《黑暗傳》整理工作淺見
—— 兼與胡崇俊先生商榷

陳人麟

《黑暗傳》是民族文化的一份寶貴遺產，亟待整理。

關於民間文學作品的整理問題，著名學者賈芝老先生有過一段精闢的論述，完全適合於《黑暗傳》的整理工作。他說：「整理者的目的，就是把人民群眾的好作品挖掘出來以後，做些必要的和可能的加工，使它們恢復本來面目，或儘可能完美一些，以便列入祖國各民族的文藝寶庫中。」還特別強調：「應當努力保持作品的本來面目、主題和基本情節不變，保持群眾的生動語言，保持民間創作特有的敘述方式、結構和藝術風格。[1]」

1　轉引自《〈黑暗傳〉光彩重現》，劉守華，載於《炎帝神農與民族精神》論文集，東方紅出版社，2002年10月。

當今，我們的任務便在於對那些蒐集到的「原始資料」做些必要的和可能的加工，使它們恢復本來面目，或儘可能完美一些，應當努力保持作品的本來面目、主題和基本情節不變，保持群眾的生動語言，保持民間創作特有的敘述方式、結構和藝術風格。

胡崇俊先生已經進行了一次有意義的嘗試。我拜讀過「胡本」，在深受教育與啟發的同時，也感到尚有一些問題需要探討，特略陳粗淺認識於後，與胡先生商榷，向專家學者們求教。

賈老再三強調，整理民間文學作品必須「使它們恢復本來面目」，「努力保持作品的本來面目、主題和基本情節不變」。

可是，什麼才是《黑暗傳》的「本來面目、主題和基本情節」呢？回答這個問題，必然涉及以下幾個方面：

1.「原始資料」問題。

占有豐富的「原始資料」無疑是整理工作最重要的前提。早在一九八六年，胡先生便產生了整理《黑暗傳》的念頭，可袁珂老前輩卻在覆信中強調指出：「關於《黑暗傳》的整理問題，我以為宜持慎重態度。」為什麼還要慎重呢？因為「就現有九種殘缺版本，似尚難圓滿達到整理目的。尚須更作廣泛蒐集，最好能蒐集到接近原始狀態的本子。[2]胡先生所以能第一個出版《黑暗傳》的整理本，全在於「其後的十多年中，他又「九赴興山，三到秭歸，八奔保康，三至房縣……終於有了一系列新收穫，如保康縣店埡鎮一村民收藏的《玄黃

2 引自《〈黑暗傳〉光彩重現》，劉守華，載於《炎帝神農與民族精神》論文集，東方紅出版社，2002 年 10 月。

祖出世傳》抄本，計九十六頁，二十回，三千餘行，就是一個相當完整的本子。還有神農架林區宋洛鄉栗子坪村陳湘玉和陽日鎮龍溪村史光裕口頭演唱的《黑暗傳》也較為生動完整」。劉守華先生讚揚道，「胡本」就是「在占有豐富的口頭與書面材料的基礎上，經過仔細鑑別比較……選取其中意趣和文辭更為豐富生動的部分加以拼接」而構成的「新文本」[3]。

我毫不懷疑胡先生占有了豐富的原始資料，卻認為他依然還沒有蒐集到「接近原始狀態的本子」，因為「胡本」的內容尚談不上「相當完整」。

「胡本」中有些故事就不算完整。譬如，「洪水泡天」究竟發生過幾番？它們各是怎樣引發的、經過如何、又是怎樣平息的？讀者尚難獲得完整的印象。

「胡本」中可見明顯的錯誤。譬如，「玄黃過後出混沌」句，當是「玄黃過後又混沌」之誤，因為混沌早出現在玄黃之前，這一混沌是指「洪水泡天」又使世界回覆到混沌狀態而言的。

「胡本」中還有重要的缺漏。譬如，水土同為萬物產生的先決條件，歌詞也唱的是「江沽他才造水土」，可只見「江沽造水」的故事，卻不見「造土」的內容。

「胡本」中模糊問題很多。譬如，何謂「人苗」？何謂「人祖」？他們各誕生在什麼時代？是怎麼誕生、怎麼繁衍的？尚不能為讀者留

3　參見《黑暗傳》（胡崇俊蒐集整理，長江文藝出版社，2001 年）《序》，劉守華。

下清晰的印象。

「胡本」中雜亂問題普遍。譬如，盤古故事本是一個完整的整體，卻被支離破碎到了一、二、三篇之中；「混沌」本是「先天」時期的始祖，好多故事卻又與「泡天」混雜在一起……

上述問題當然主要是「原始資料」本身帶來的。「原始資料」存在這些問題並不奇怪，因為它們都來自手抄本，這些手抄本還可能是幾經倒手的轉抄本。究其原出處，大致可分兩種情況：一為歌手們聽別人唱過後憑記憶記錄的。由於民間歌手的文化水平普遍不高，再加上記憶能力的限制，(《黑暗傳》洋洋萬言，博大精深，僅靠聽一遍或幾遍，就是神童再世也難記全。)因此實難保證其記錄的全面和準確。二為歌手們從別人的本子上轉抄的，除了受轉抄者素質的影響外，歌手們愛加進自己認識（或說法）的傳統習慣也頗值得注意。因此，即使原本是準確的，也難保證其在轉抄過程中不變形。此外，它們還有不少存在嚴重的殘缺，或只有隻言片語，或只有一個故事，或只有一段故事，明顯的訛誤和相互矛盾處都屢見不鮮。

2. 分析問題。

「原始資料」雖然存在諸多問題，但憑藉它們卻還是可以發現《黑暗傳》的「本來面目、主題和基本情節」的，問題在於怎樣分析和認定。

「胡本」代表了胡先生的分析和認定結果，我的認識略有不同，主要是不讚同將《黑暗傳》的創世歷程表現為「天玄地黃」→「黑暗混沌」→「日月合明」→「人祖創世」，認為應是「先天」→「後天

→「泡天」→「治世」。其中，「先天」以「黑暗」→「混沌」→「玄黃」為序，講述宇內景象最初的演變情況；「後天」以「盤古開天」→「日月升天」→「人類初造」為序，講述宇內出現光明的艱辛歷程；「泡天」以「黑水泡天」→「紅水泡天」→「清水泡天」→「人類再造」為序，講述地球曾經的滄桑之變；「治世」以「三皇」→「五帝」為序，講述人類社會的正式形成。因為這樣才更符合《黑暗傳》作為「漢民族創世史詩」的主題，才更符合《黑暗傳》展示的「創世」歷程的科學意義。

關於上述認識，有幾點是需要說明的：

我認為「浪蕩子吞天」故事是解釋地球的形成過程的。《黑暗傳》將「創世」追溯到了地球的起源含義十分深刻，因為地球才是萬物和人類生存的載體。可是，地球並非宇宙中本來就有的，是經歷了一個漫長而艱辛的過程才最終形成的。故事告訴我們，地球的雛形是個圓物或圓形的（這正符合古人對地球形狀的認識），出現在「混沌」後期。此前，宇內（宇宙）僅形成了一片海洋，卻還沒有山脈陸地。直到玄黃老祖斬殺了「吞天」的浪蕩子，並將它屍分五處，丟入海洋，從浪蕩子肚子裡流出來的「生天之根」才使海洋里長出了崑崙山。此時，既有了海洋，又有了陸地，陸地又分成了五塊（五大洲），這才表明已形成了地球。

我認為《黑暗傳》中的崑崙山兼有多重含義：一是代表山脈陸地，如上所述，崑崙山的出現才使地球上有了陸海之分；二是代表地球中心，因為「海洋里長出了崑崙山，天心地膽在裡邊」，所以盤古才能孕育在其中；三是代表神山仙境，這仍與第二重意義相關，如同

佛教所講的「須彌山」。不搞清楚這一點，許多內容便難以解釋。

我認為「洪水泡天」故事是解釋地球的滄桑巨變的。「泡天」是「創世」歷程中的一個非常重要的環節，科學也早已證明地球形成之後確曾幾經滄桑，洪水氾濫又使世界回覆到混沌狀態，經歷了這番磨難，人類社會才最終形成，並開始步入了正常發展的軌道。《黑暗傳》將「泡天」單列一篇，並將之放在「後天」之後、「治世」之前，表明了對這一環節的高度重視和科學認識。

我認為《黑暗傳》中的「三皇」指天皇、地皇和人皇，「五帝」指伏羲、神農、黃帝、堯和舜。史籍記載的「三皇五帝」不盡一致，《史記》稱天皇、地皇、泰皇為三皇，《帝王世紀》等稱伏羲、神農、黃帝為三皇，《白虎通》稱伏羲、神農、祝融為三皇，《風俗通義》等稱伏羲、女媧、神農為三皇，《藝文類聚》稱天皇、地皇、人皇為三皇。民間還有說天皇、地皇、人皇就是伏羲、神農、黃帝的。《易・繫辭》稱伏羲、神農、黃帝、堯、舜為五帝，《史記》等稱黃帝、顓頊、帝嚳、堯、舜為五帝，《帝王世紀》稱少昊、顓頊、高辛、堯、舜為五帝。上述神祖名字都出現在《黑暗傳》中，但分析其內容的多寡和意義的輕重，卻不難發現《黑暗傳》傾向於《藝文類聚》和《易・繫辭》的解釋。因為它主要歌頌的是天皇、地皇、人皇和伏羲、神農、黃帝、堯、舜，這幾位人物無論在史籍記載還是民間傳說中，造福百姓的功業都最顯著，完全符合民族的傳統倫理道德觀念。至於其他一些人物，則應被視為對主要人物的補充或陪襯，譬如女媧便是對伏羲的補充，祝融便是對神農的補充，少昊、顓頊、高辛則是對黃帝的陪襯。

3. 處理問題。

依據上述分析和認識，又該怎樣具體處理「原始資料」呢？這涉及「加工」的原則、方式和方法等方面。

劉守華先生在為胡崇俊蒐集整理的《黑暗傳》所作的《序》中這樣講道：「關於民間口頭文學的整理，中國民間文藝家協會一直堅持『忠實記錄，慎重整理』的原則。至於整理的方式，大體有兩種，一種是就一種比較完整的記錄或版本進行單項整理；二是對表現同一母題而擁有大同小異若干異文的作品，選取比較完善的一兩種為主幹，再吸納其他文本優點，進行綜合整理。」它告訴我們，記錄資料必須「忠實」，整理資料必須「慎重」，體現「慎重」必須選用適當的方式和方法。

胡先生在《代後記》中說，他選用了「綜合性的整理方法」。從「胡本」來看，他所謂的「綜合」是對劉先生所說的兩種方式的綜合，並且是以第一種方式為主、第二種方式為輔的綜合。因為其故事主幹是以《玄黃祖出世傳》抄本和陳湘玉、史光裕等口頭演唱的《黑暗傳》為主構成的，同時也從其他文本中吸納了一些表現同一母體的內容。

我認為胡先生選用的綜合方法不盡恰當，因為占有理想的主版本是採用這種綜合方法的重要前提，而兩個主版本都還不是「接近原始狀態的本子」，也遠遠談不上「相當完整」，所以目前還不具備這個條件。前面我們曾涉及「胡本」的「基本情節」有失原貌的問題，其實就是主版本的問題。

我主張另一種「綜合性的整理方法」，即以「大綜合」重點解決的是框架結構問題，「小綜合」完善各個故事情節。

　　所謂「大綜合」，是指首先要對所有版本的內容進行綜合。因為在缺乏理想的主版本的條件下，唯有綜觀所有的資料，才可能找出《黑暗傳》的主題和故事脈絡；唯有先確定了《黑暗傳》故事的大框架，才可能對那些零散的、孤立的、片面的，甚至是相互矛盾的內容進行「鑑別」、「比較」、「選取」和「拼接」。我對《黑暗傳》「本來面目、主題和基本情節」的上述認識，便是在進行這種「大綜合」的過程中逐步形成的。

　　所謂「小綜合」，主要指劉先生所說的第二種方式，即對那些表現同一母體的多種異文的內容進行綜合。採用這種方法整理一個個具體故事更為適宜，因為同一人物、同一故事在「原始資料」中都可見到多種說法，「選取比較完善的一兩種為主幹，再吸納其他文本優點，進行綜合整理」，才能使故事內容更為豐滿、條理更為清楚、結構更為完整、情節更為生動。

　　4.「小綜合」也應根據「原始資料」的情況，選用適當的方法，其實用性最強的當屬以下四種：

　　（1）「梳理法」。它適用於那些內容雖然豐富，眉目卻不夠清的故事。譬如，多種版本裡都有「先天」的故事，可給人的印象卻是雜七亂八的，就必須認真梳理一番。

　　梳理「先天」的故事，首先要理出時序來。要理出其時序，必須準確把握幾個概念。在《黑暗傳》中，「黑暗」與「混沌」和「玄黃」

三個概念很容易被民間歌手所混淆，因為它們既有同一性，又有相異性。所謂同一性，是它們都對沒有光明而言，在這一意義上講，「黑暗」即「混沌」，也即「玄黃」。歌手們尤其愛將「黑暗」與「混沌」連在一起，因此《黑暗傳》才又被稱為《混沌傳》，「先天」時期也又被稱為「混沌」時期。所謂相異性，是說它們分別代表了三種不同程度的黑色，依序顯示了宇宙之初的三個演變時段。宇內最初是漆黑一團（「黑暗」），其後逐漸變得糊糊塗塗（「混沌」），最後才出現了天玄地黃（「玄黃」）。與此連繫的就是這些概念都具有多重含義：它們有時指色，有時指神，有時又指獸。「黑暗老祖」、「混沌老祖」和「玄黃老祖」便是三位創世始祖，他們相繼主宰過宇宙。「混沌」代「黑暗」，「玄黃」又代「混沌」，正反映了宇宙之初的演變歷程，直到「玄黃老祖」最終制服了「混沌獸」，造成了「天玄地黃」，也預示著黑暗即將結束，光明就在前面。

在理清楚「黑暗」→「混沌」→「玄黃」的同時，還應該注意突出「混沌」較「黑暗」的進步和「玄黃」較「混沌」的進步。

「混沌」較「黑暗」的進步，當集中在三個重要方面：一是混沌老祖有了父母。雖然他是母子婚配生下的一圓物，卻標誌著「繁衍」已經開始，這是一個了不起的進步。歌詞是這樣唱的：「提起混沌有根古，混沌之時啥沒有，萬氣相聚黑黝黝。當時有個潝潫祖，潝潫生浦湜，浦湜就是混沌父，潝潫就是混沌母，母子成婚配，生下一圓物，包羅萬象在裡頭，好像小雞未孵出。」二是宇內形成了海洋。海洋的出現更屬一件大事，因為《黑暗傳》是認定「宇宙始自黑暗，生命源於海洋」的。海洋是因「江沽造水」成功而最終形成的，江沽為第十六代混沌，為了尋找水源，不辭辛勞尋到了北溟之地；為化開玄

冰，又甘冒危險銜來玄光之寶。玄珠化玄冰，方造就了茫茫海洋。三是宇內形成了地球。如前所述，這正是「浪蕩子吞天」故事的含義。「天」是「青赤二氣團團轉，結成圓物囫圇形」的，還「內藏五鳥接三光，中藏五行與八卦」，表明地球具有萬物繁衍的基因。

　　「玄黃」是「先天」時期的最後一個時段，處在承前啟後的地位，因此在內容上很容易與「混沌」和「後天」相混雜。梳理這部分內容，應該努力理順兩個關係：一是「玄黃」與「混沌」的關係。「混沌之世出玄黃」，當然是說先有「混沌」，後出「玄黃」，「玄黃」孕育並出現於「混沌」時段。可是，「玄黃出世」和「玄黃」代替「混沌」卻是兩回事，因為前者主要對玄黃老祖出世而言，其故事可以放在「混沌」時段的最後講，也可以放在「玄黃」時段的開頭講；後者卻主要指宇宙演進到了一個新時期而言，相關故事只能在新時段內按演化進程逐步展開。「玄黃」時段有許多故事，最為精彩的當玄黃老祖與混沌獸鏖戰的故事。二是「洪蒙」與「混沌」的關係。據悉，隨州市新發現了一部《洪蒙傳》，主要講鴻蒙老祖的故事。我認為這位鴻蒙老祖就是混沌老祖，只是稱呼不同而已。因為「洪蒙」與「混沌」的意思相近，鴻蒙洞還是玄黃老祖的修行處，他便是在鴻蒙洞外發現了「生天之根」的。有這樣的歌詞：「鴻蒙洞內好安靜，師徒修行又養性，淡淡泊泊度日辰。一日玄黃心煩悶，想到洞外散精神，叫聲弟子你是聽，快快帶路往前行。出了洞門四處看，只見地眼放光明，青赤二氣團團轉，結成圓物囫圇形，一聲響亮落大地，落在滑塘亂滾滾，圓物亂滾不打緊，放出豪光怕煞人。豪光亂擾真古怪，玄黃看了知分明，圓物乃是生天根，有詩一首作證明：天生黍黍落滑塘，內藏五鳥接三光，中含五行並八卦，玄黃頭髮分陰陽。」

（2）其二，集中法。它適用於那些本屬一個整體，卻被搞得支離破碎的故事。譬如，有關盤古的故事在「原始資料」裡便顯得十分零散，在「胡本」裡也散布於前三篇，就應該將它們適當地集中起來，形成一個完整的整體。

盤古故事是構成「後天」內容的主體，對其進行集中應緊緊圍繞「創世」這個中心，依序展開三大內容──「開天闢地」、「日月升天」和「萬類初創」，因為宇宙在「後天」便是這樣演進的，盤古作為創世始祖的英雄形象也是在這一歷程中才日益高大和完善起來的。

盤古故事的三大內容都自成體系，各有特點：

第一，「開天闢地」是盤古的第一大功業，其故事脈絡當如下：

①先介紹「盤古其人」。盤古與「先天」的各位老祖相比，實有本質上的不同，因為他融會著天精地靈，是二氣相交並經過一萬八千載孕育才結成的靈物；他不僅具備了「人」的形象，而且有了「人」特有的思想和精神。下面的歌詞就是這個意思：

「當日玄黃斬浪蕩，屍分五處血流淌，崑崙山才出海洋。一山長成五龍樣，天精地靈裡頭藏，陰陽五行才聚化，盤古懷在它中央，過了一萬八千載，世上才出盤古皇。」

「說起盤古有根痕，當時乾坤未成形，一片黑暗與混沌。青赤二氣不分明，迷迷濛濛幾千層，不知過了多少春，二氣相交產萬靈，盤古懷在混沌內，金木水火是他父，土是盤古他母親。」

②繼講述「盤古開天」。它是故事的主體，當分以下層次：

前因——「盤古出世」。盤古一出世便碰到了許多麻煩，因而才激起他「開天闢地」的動機。有這樣的歌詞：盤古昏昏如夢醒，伸腿伸腰出地心，麻煩事情多得很。睜開眼睛抬頭看，天為鍋來地為盆，既無縫來又無門，嚴絲嚴縫扣得緊，想站起身把腰挺，一頭碰得腦殼疼。

　　準備——「盤古尋寶」。為了開天闢地，盤古相繼尋得了三件寶物：「往西方，有顆星，盤古摘來仔細看，原是西方庚辛金。金星當時來變化，變成一把斧頭形，不像金來不像銀，不是鐵匠來打成，拿在手上千斤重，舞在空中萬點星」。「一把鑿子面前存，遍體溜光放光明，不是金來不是銀，不是鐵匠來打成，此乃上古一寶珍，敲天坎是它得名，想它大來它就大，想它小來不見形，想它重來重千斤，想它輕來飄飄輕」。「只見一山把路攔，身子圓來頂頂尖，銀光四射耀人眼。此也上古一寶珍，鑽地　是它的名，不是金來不是銀，不是鐵匠來打成，想它長來它就長，想它短來不見影。」

　　主體——「盤古開天」。盤古藉助三件寶物，費盡辛勞，才分開了天地：「又是斧頭砍，又是鑿子鑿，釺子戳的直冒煙，渾身上下流大汗……一斧砍斷混沌根，只見青氣往上旋，化做玉皇殿，整整九重天。一鑿鑿開混沌門，只見赤氣往下灌，化做地獄府，一十八層滿。」

　　補充——「盤古穩天」。盤古立身天地間，繼續頭頂腳蹬，方使天更高、地更厚，天地最終形成，這既是故事的高潮，又是故事的結局：「盤古站在天地間，腳蹬地來頭頂天，身子長一尺，天便高一丈，盤古長了一丈八，才有高天十八盤。身子長一尺，地便厚一丈，

盤古長了一丈八，才有地獄十八變。」

第二，「日月升天」是盤古的第二大功業。因為「盤古分了天和地，還是天黑地不明，寒風颼颼徹骨冷」。為了創造光明，他才繼續踏上了請日月升天的新徵程。故事應包括如下情節：

①「尋找日月」。要掃除黑暗，必須請出光明之神。光明之神是日月二星君，一直隱居在東海咸池之內，盤古為尋找他們費盡了辛勞：「一路趕，急急行，只見東面一座山，似有豪光裡面隱。欲往山上探真情，磕磕絆絆路難尋，盤古舉斧便亂砍，終於找到一洞門。此洞名叫太陽洞，洞中住著太陽神，洞中有棵扶桑樹，太陽樹上安其身。出洞再往山下看，汪洋一片嚇死人，下到海裡四處找，又見一個大洞門，此洞名叫太陰洞，洞中住著月亮神，洞中有個咸池海，月君海邊安其身。」

②「勸請日月」。盤古請日月升天頗費了一番周折，因為他們是一對恩愛夫妻，根本不願意分離。盤古幾番好言相勸無結果，只好念起了咒語，同時許諾他們一月會面一次，日月這才點頭應允：「日神和月君，夫妻兩個人，月姓唐來日姓孫，唐末孫開是他名，夫妻恩愛感情深，從來不願兩離分。……直言便對盤古講，不好從命有原因」……「盤古再往咸池請，二神不理也不聽，頓使妙法唸咒語，念出一段七字經」。「見得盤古此言語，面帶笑容顯威靈，日月二神點頭應，盤古開言帶笑云：你們升天安排定，我來保護無難星，一月夫妻會一面，月愛陽來陽愛陰。」

③「日月升天」。盤古具體安排了日月升天的場面，既威嚴，又壯觀：「日月別了咸池府，相隨盤古上天庭。日穿寶衣火焰甲，萬道

金光萬化身；月披水晶衫一領，夜灑甘露濟眾生。日神月神來領命，披掛齊整就起程，山上那棵扶桑樹，當作天梯往上登，樹上金鳥報時辰，普天之下有黎明。叫來金龍做護送，駕起雲車十二乘，手執化云珠一顆，腳踏風火二車輪。」

④「光耀大地」。日月子孫多，也相隨而去，化做了滿天星宿。日月星辰俱全，各司其職，才有光耀大地。至此，光明方全面出現，世界才面貌全新：「日月二神登天庭，子孫無數隨後跟，一聲響亮四方驚，九重天堂頓時明。子孫在天化星斗，從此才有滿天星。日月星辰各顯能，光耀大地氣象新。」

第三，「萬類初創」是盤古徹底的奉獻精神的重要體現。

盤古開了天地，萬物才具備了創生的客觀條件：「玄黃化無極，無極生太極，太極生兩儀，兩儀生四象，四象生八卦，八卦生陰陽，陰陽有序萬物生。」

盤古「身化萬物」，世上才開始有了萬物和黎民：「日月星君上天庭，盤古從此隱了形，渾身配與天地靈。身配五嶽高山嶺，目配日月天更明，血配江河滾滾流，毫毛配與草木盛。頭在東嶽泰山頂，腳在西嶽華山嶺，左臂南嶽衡山樹，右臂北嶽恆山林，肚子恰在正中央，聳起嵩山半天雲。肌肉入田土，骨頭金石成，精髓化珠玉，汗流變雨淋，諸蟲隨風化，才有眾黎民。」

萬物既包括植物，也包括動物：「太荒山上一桃樹，樹高萬丈無比粗，桃樹開花又結果，青桃未黃早桃熟」。「崑崙山上一棵槐，青枝綠葉甚可愛，層層樹葉如傘蓋，密密樹根通地脈」。「梅樹開花報

春早，桃李開花正春天，稻花一開谷結穗，菊花一開霜雪連」。「百鳥百雀樹上落，五音五色分五彩」。「忽聽樹上響連天，原是黃雀萬萬千，黃雀一叫報時辰，黃雀報時有根源。黃雀一叫天就明，黃雀二叫太陽升，黃雀四叫天黃昏。」

「黎民」當對「人苗」而言。所謂「人苗」，即指他們雖然也具有一些「人」的特徵，但本質上卻還不屬於真正的人，因為他們都不是由「人」繁衍的。在盤古時代，「人苗」除了來自盤古身上的蟲子外，還有多種渠道。譬如「泥土造人」：「末葉本是一塊土，泥隱子塑他成人形，末葉卻說不相信。泥隱子當時再逞能。當時又塑一個人，橫眉豎眼獠牙生，一口仙氣吹過去，搖搖擺擺笑吟吟，身長三丈有一尺。」再如「水泡成人」：「崑崙山有萬丈高，兩水相連樂陶陶，二水沖成一個泡，化為人形真個好，荷葉上面起根苗」。又如「桃核化人」：「七棵桃樹結仙桃，仙桃裂口核仁笑，七彩紫氣不見了，跳出七個小嬌嬌」……

第四，「浪蕩子吞天」的故事也應用集中法予以充實或完善。

浪蕩子是怎麼「吞天」的？有的說得較簡單，有的說得較詳細。「胡本」僅選取了其中的一種，是這麼講的：「空中掉下人一個，此人身高五丈長。奇妙連忙問姓名，那人口稱浪蕩子，要與奇妙奪寶珍。兩人爭奪不相讓，拉拉扯扯爭輸贏。浪蕩一口來吞下，奇妙連忙見師尊。」這一段雖比「彙編本」裡的兩種說法（一是「浪蕩子一見甚可愛，一口吞下腹中藏。奇妙子忙去稟師父，一下氣惱江沽皇」；一是「浪蕩子他把天來吞，子義一見怒火生，把他拉住不放行」）更有情趣，但比起下面一段卻又遜色不少。

「義人遵了師父令，忙向崑崙山中行，來到崑崙四下尋，見一寶珠在此存，彎腰下去正要撿，忽見前面來一人，子義只顧將他看，不顧取得寶和珍，那人搶了那珠寶，將它拿在手中心，子義一見心大怒，叫聲來的是何人？怎敢取我寶和珍？此人一聽心大怒，怎麼這等無禮信？你要問我名和姓，聽我從頭說分明。我名就叫浪蕩子，專到此處取寶珍。子義當時聽得清，又把浪蕩叫一聲，此乃是我師父的寶，你敢拿去胡亂行？浪蕩子一聽怒火起，你若再說三不敢，我就把它一口吞！子義一聽怒聲嗔，你不敢、不敢、真不敢，不敢吞我寶和珍！三個不敢說完了，浪蕩子就把天來吞。」

浪蕩子吞天帶來了啥後果？多種版本都說他被屍分了五塊，但涉及的人物和情節卻不盡一致。「胡本」也只選取了其中的一種，是這麼講的：「飛劍已斬浪蕩子，身分五塊血流出，鮮血流出如紅水，腹中蹦出那寶珠，寶珠落地滾溜溜。玄黃叫聲奇妙子，你將寶珠來劈開，一半黃來一半青，青上浮來黃下沉。只聽咔嚓一聲響，逢中劈開一般勻。青赤二氣兩分開，玄黃山下產育精。虛空混合盤旋轉，結成圓物似蛋形，青的半邊化青氣，黃的半邊在地平，霎時天青地又黃，不斷擴大無邊境，青的為天又為雲，黃的為濁往下沉，從此天地初出世，黑暗之中現光明。」這一段只強調了青赤二氣分開、形成了天地雛形，卻忽略了海陸分離、形成了五大洲，若將「彙編本」中的下列內容補充進去就更完美了：

「（玄黃）斬了浪蕩子，五塊屍體五下分，腸中流出那寶珍，寶在地上亂滾滾。玄黃一見不消停，開口便叫奇妙子，此是二氣化紅青，它是天地產育精，青的三十三天界，紅的地獄十八層」；「玄黃斬了浪蕩子，寶珠從他肚內倘，屍分五處丟海洋，海洋裡長出崑崙

山，一山長成五龍樣，五龍口中吐血水，天精地靈裡頭藏，陰陽五行才聚化，盤古懷在地中央」；「從此五方有了名，左手為東右為西，左腳南來右腳北，東南西北有根痕，首級又把中央定」。

這裡需要說明的是，資料裡稱玄黃弟子叫「義人」當是一個錯誤，因為「義人」是《聖經》上的一個名字，「指能體現猶太教理想、虔誠信奉耶和華上帝的人。《舊約》所載最著名的義人以諾、挪亞和約伯。《塔木德》說，世界能持續存在，完全仰仗三十六位非常完美的義人。這些義人既有特殊的權利，又必須負擔特殊的義務，即為同時代人禱告，並使禱告上達於上帝」[4]。可是，《聖經》中卻沒有「浪蕩子吞天」的故事。奇妙子這個名字很好，因為它正好與浪蕩子的名字相對，符合民間口傳文學的特點。

（3）其三，補正法。指對那些內容單調、情節不夠完整的故事予以補充，對那些表述有誤的歌詞或情節予以修正。

應予補充內容的故事很多，譬如「江沽他才造水土」。前面我們曾提到，它應包括兩重含義，一為造水，二為造土。可「胡本」只有「造水」的故事，尚缺少「造土」的內容，顯然不夠完整。我認為，造土似乎也應歸功於江沽，因為「天地自然有根古，泡羅能夠生水土，江沽他才造水土。赤氣降了地，泡羅吐真氣，生出小元湜，湜子名沙泥，沙泥傳沙滇，沙滇傳沙沸，沙沸傳紅雨，紅雨傳化極，化極傳苗青，苗青傳石玉，這時才有沙和泥」。同時，「江沽出世水乾枯，屍骨化水成泥土」，也是說因江沽喝乾了水才使得萬物的屍骨化為了

4　引自《聖經百科辭典》，梁工主編，遼寧人民出版社出版，1990 年 12 月第一版。

泥土。

　　又譬如，多種版本都有「生天之根」的故事，卻說法各異。「胡本」僅選用了一種，即「一日師徒出洞門，來到玄黃山上行，又見地眼赤氣出，山上天眼青氣生，忽聽轟然一聲響，二氣氤氳結一團，落在山中滾三轉，頃刻又沖半天中，又落玄黃山頂上，山頂之上放祥光」。這確是較好的一說，因為它突出了「生天之根」是天地二眼的產物，是青赤二氣氤氳結成的氣團，因而為後面的青氣上升、赤氣下沉、天地形成、陰陽分離埋下了伏筆。但也有所不足，主要是沒有突出「生天之根」的圓形特點。（古人認為地球是圓形的。）我認為完全可以把另外三說補充在後面，因為它們都強調「生天之根」是圓的，（一說是一顆晶瑩剔透的「露珠」，被海洋裡一匹巨大的荷葉托著；一說是一顆「寶珠」，藏在崑崙山上；一說是地眼飛出來的一個「圓物」，落在玄黃山上。）這樣既能使故事更加豐滿動人，也完全符合民間口傳文學作品的一種傳統的表現手法。

　　補充的內容自然應從「原始資料」庫裡選取，但若「原始資料」庫裡有缺漏，則應該從相關的史料記載或民間傳說中選取素材。這並不違背真實性原則，因為它們本來就是《黑暗傳》素材的重要來源。譬如「盤古穩天」的情節，就可以依據《三五歷記》的記載予以補充。該文有云：「天地開闢，陽清為天，陰濁為地，盤古在其中，一日九變，神於天，聖於地，天日高一丈，地日厚一尺，盤古日長一丈，如此萬八千歲，天數極高，地數極深，盤古極長。」又譬如「盤古身化萬物」的故事，可以從《五運歷年記》中吸取營養，該文稱：「首生盤古，垂死化身，氣成風雲，聲為雷霆，左眼為日，右眼為月，四肢五體為四極五獄，血液為江河，筋脈為地裡，肌肉為田土，

發髭為星辰，皮毛為草木，齒骨為金石，精髓為珠玉，汗流為雨澤，身之諸蟲，因風所感，化為黎氓。」再譬如，「洪水故事」多缺少引發的原因，至今在廣西瑤民中流傳的一則故事大可以作為一種補充。該故事講，天上有個青臉雷公，慣到人間逞兇。一天，它又震起炸雷，傾下暴雨，不料卻被一位勇士智擒。勇士將雷公鎖於鐵籠，準備買酒回來後用雷公肉下酒，雷公用花言巧語欺騙了勇士的一雙兒女，沾水氣而衝破鐵籠，重返天空。它加倍報復人間，發下了泡天洪水……

應予修正的主要是表述方面的錯誤，它們大致可分為有兩種：一是語句上的錯誤，譬如前面曾指出的，「玄黃過後出混沌」句就當是「玄黃過後又混沌」之誤。對待這類錯誤很好辦，發現一處糾正一處就是了。二是情節上的錯誤，即本來應發生在某一時段的故事卻被錯置到了另一時段。這種錯位不僅造成了邏輯上的混亂，還會大大削弱《黑暗傳》的科學性。修正這類錯誤比較難辦，需要具體問題具體分析，適當調整。譬如玄黃老祖制服了混沌獸，表示已完成了由「混沌」而至「玄黃」的演變，「先天」故事也應到此結束。可在「胡本」中，緊接著「玄黃騎了混沌獸，師徒又在山中行」句後，又講的一些故事[5]便都不合乎情理。其中，「玄黃劈開蛋來看，蹦出小孩一大群，十個男孩十二女，個個機靈甚喜人，天干地支出了世，玄黃一一取了名」一段。這很可能是歌手們傳唱時誤加在玄黃頭上的，因為玄黃僅造就了天玄地黃，卻還沒有分開天地，當然談不上天干地支的出世。後面的捏土成人的故事（「鴻蒙洞中奇妙子，玄黃出遊心納悶，忽然

5　見《黑暗傳》（胡崇俊蒐集整理，長江文藝出版社，2002 年）第 57-68 頁。

心中靈機動，挖來黃泥做成人，做一男來做一女，就讓他們成婚配」），植物出現的故事（「玄黃老祖心納悶，回到洞中觀分明，石台上面飄香氣，台上現出七果仁，果仁忽然來跳起，頓時落地生了根」），妖怪由來的故事（「我們都是太黃生，有的金石來成形，有的樹木來長成，有的山精並水怪，有的爬蟲與飛禽」）等，不僅都與玄黃無啥關聯，而且都屬於「萬類初創」的內容，應當發生在「後天」的後期。

其四，模糊法。這是一種不得已而為之的方法，因為「原始資料」中尚有些不夠清楚的故事或情節，在沒有新發現之前，對它們最好是模糊處之，不求完整或合理，只要大概能自圓其說。

「原始資料」涉及盤古的內容便有許多不同乃至矛盾處，譬如有的講他是天心地膽孕育的開天神祖，有的卻說他乃西天菩薩「毗羅崩婆那」的化身；（如「不唱崩婆入混沌，再唱佛祖差鴻鈞」，「崩婆」又稱「皮羅崩婆」，即佛家菩薩「毗羅崩婆那」）有的講他的人形是自然生成，有的卻講他的人形乃鴻鈞畫就；（如「說盤古，道盤古，多虧鴻鈞一老祖，九十一氣費盡心，五行方位安其身，渾身上下元氣足，崩婆借像才出生。」）有的講他的開天斧是金星所化，有的卻講他的開天斧乃佛祖所賜；（如「手摯開天闢地斧，佛祖差他下山林」）有的講他用真情打動了日月二君，有的卻講他用佛咒驅趕了日月夫妻；（如「崩婆二到咸池海，就把真言念七遍，日月赤氣入手心，日月入了崩婆手」）有的講他垂死化身造就了萬物，有的卻講他又返回天界跟隨在佛祖身邊……這些不同實際反映了道、佛兩教對人類起源的不同解釋。它們都是歌手們的依據，都可能是《黑暗傳》本來的內容，雖然說法不盡統一，我們整理時卻不應該隨意取捨，最好的辦法

當是模糊處之，「兼蓄並貯」。所謂模糊處之，是指盡量保持原貌，無須追究盤古是否「毗羅崩婆那」、是否又回到了佛界等問題。所謂「兼蓄並貯」，是指盡量將它們有機融合在一起，互為補充，使故事內容更完整。我們在前面已提到過盤古故事的脈絡，就是以道教故事為主幹，將佛教的相關內容融於其中的。所以要以道教故事為主幹，是因為《黑暗傳》的道教色彩更濃重，而且道教的解釋也更為科學。

最需要模糊處理的當數洪水故事，因為憑藉現有的資料，許多問題都還不夠清楚：

譬如，「洪水」是為何而發的？《聖經》和古印度神話都說，上帝見人類罪孽深重，才發下洪水，以示懲戒。但在「原始資料」裡卻尚未發現這一說法。究竟是《黑暗傳》原本就不承認此說，還是資料庫裡有缺漏呢？兩種可能似乎都有，尚待進一步證明。

再譬如，對「三番洪水，三分天地」中的「三」字究竟該怎樣理解？一般來說，可以解釋為「泛指多數」，現代科學也已證明地球確曾幾經滄桑，可是，又有「黑水泡天」、「紅水泡天」和「清水泡天」的說法，而且這種分法符合民間口傳文學的特點，又該做何解釋呢？也有待探討。

又譬如，「洪水」何以分三色？資料裡僅有兩處提到，一說是崑崙山有三口井，井水分三色；一說是鴻鈞三兄妹頭上各頂著一隻葫蘆，葫蘆裡分別裝著三色水。按「黑水泡天」、「紅水泡天」和「清水泡天」的說法，它們都與洪水有關係，可究竟是什麼關係呢？當前還無法找到。

另譬如，洪水泡天的經過如何？各次洪水分別是怎樣平息的？洪水過後人祖又是怎樣再造的？按《黑暗傳》的特點，它們都應該講得有根有芽，有因有果，可資料裡卻僅有黑、黃二龍爭鬥的故事比較完整（共工怒觸不周之山引發洪水的故事不應在三番洪水之列，因其當發生在伏羲、女媧時代）。其他都含糊不清，甚至只有隻言片語。由於這部分內容的缺漏很多，當前進行整理只能模糊處之，不求故事完整，不求情節合理，只要大概能自圓其說。

此外，關於「人苗」與「人祖」兩個概念也當以模糊處之為好。按歌手們的解釋，「人苗」指三皇五帝時代之前以神格為主的人，實際上卻不是那麼簡單，因為玄黃曾用黃泥造過人（「玄黃出遊心納悶，忽然心中靈機動，挖來黃泥做泥人」），女媧也曾用泥巴造人（「女媧取了黃泥土，要接黃土做泥人……女媧造人費辛勤，內臟七竅都成型」）。同是泥人，自當同屬「人苗」，可一個應在「先天」，另一個卻應在「治世」，兩者相距的時代很遠，怎麼能同屬一類呢？「人祖」當指有血肉之軀的人類始祖，以此為標準，盤古便不能稱為「人祖」，可是「自從盤古開天地、三皇五帝到如今」的口頭禪又該做何解釋呢？由於這些問題一時還不能解釋清楚，整理時當然也只能模糊處之。

5. 還有兩個方面也值得討論，因為它們同樣與保持或恢復《黑暗傳》的「本來面目」密切相關：

一個是《黑暗傳》「書」裡本來就有《開歌場》、《歌頭》和《歌尾》嗎？我的回答是否定的，因為兩者的性質完全不同，作用也各不一樣。「胡本」將它們一併列入《黑暗傳》，又缺少必要的說明，很

容易誤導讀者，因為一些朋友便提出了是否唱《黑暗傳》必須先《開歌場》、繼唱《歌頭》，最後還得唱《歌尾》的問題，可實際情況並非如此。

　　前面我們曾指出過，《開歌場》、《歌頭》、《還陽》（「胡本」的《歌尾》實為《還陽》歌中的一段）都屬於吊亡禮儀歌。「開歌場」是「打喪鼓」的第一道必經程序，其作用有點像演出前的「打鬧台」或「開場鑼」，卻又與之有質的區別，因為它屬於一種吊亡禮儀，宗教色彩濃重，演唱形式和唱詞都相對固定；「還陽」與「開歌場」性質一樣，只不過是喪鼓歌場的最後一道必經程序，同時又兼具喪鼓歌場結束曲的作用。它們與《黑暗傳》在內容上並無絲毫連繫，只不過《黑暗傳》主要是在喪鼓歌場演唱的，而喪鼓歌場必須先「開歌場」，最後「還陽」罷了。

　　需要另做討論是《歌頭》。我認為這個篇名不夠恰當，因為它同《開歌場》的意思是一樣的，胡先生在註釋裡也如此明確地寫道，「開歌場，又叫開歌路、起歌頭、歌頭等」，前面已經《開歌場》，緊接著就無須再《歌頭》了。然而，問題並非如此簡單，因為這篇《歌頭》其實不同於前面的《開歌場》，應是《黑暗傳》的序曲或「引子」。對此，我們在前面也曾有過論述：並非喪鼓歌場都一定要唱《黑暗傳》，它多是被「扯」出來的，而且唱片段的多，唱全本的極少。既然要「扯」，當然得經一個導入過程，在這個意義上講，《黑暗傳》確實應有序曲或「引子」。但是這種序曲或「引子」卻沒有一定之規，因為歌場環境不同，歌手風格各異，「扯」的方式、方法也各不一致。這些也都應予補充說明。

另一個是怎樣體現《黑暗傳》的語言風格？《黑暗傳》屬於民間口傳文學作品，其語言風格自當以通俗化、地方化、特殊化為重要特色，可「胡本」卻顯得「文人氣過重，民歌味不足」。

　　先看通俗化。「胡本」中插入了不少「詩曰」，就有失通俗，也不符合實際。「詩曰」之類多見於評書和小說，評書和小說都出自文人之手，都是以說為主的；而《黑暗傳》卻是出自民間歌手之口，是以唱為主的。在神農架的喪鼓歌場上，我很少聽到歌手演唱《黑暗傳》時插入道白的，更沒有在道白裡聽到過「詩曰」這類詞眼。我還請教過幾位歌手，他們竟說那是一些「二桿子」充能，因為山裡人有幾個懂得之乎者也的？

　　次看地方化。「胡本」中少見神農架的方言俚語，對《黑暗傳》的語言特點也體現的不夠。因為《黑暗傳》不僅是用「土話」唱的，還是按「土話」押韻的。歌手們都會隨口唱出「什子」（什麼樣）、「咋方的」（怎麼樣）、「講禮性」（講禮節）、「怒生嗔」（發怒）、「黑哩咕咚」（很黑暗）、「明燈火亮」（很明亮）等詞眼，它們都很具地方特色，《黑暗傳》也因此而增色不少。

　　再看特殊化。「胡本」的歌段或以詩句起頭，或以兩句起頭，歌手們多感到那樣唱不成。為什麼？因為它忽視了《黑暗傳》的段式結構特點。《黑暗傳》是分段演唱的，每個歌段都有三次鑼鼓伴奏，鑼鼓點隨起句、轉承和收板各不相同。它以「五句子歌」為基本段式，即每個歌段至少由五句組成，但一般的歌段都在五句以上，長的可以包含十幾句乃至幾十句。它講究「三起頭」，即前三句必須表達一個完整意思，第三句後面必須打句號。在長歌段中，故事內容是從第四

句開始展開的，其後歌詞演唱時帶有道白的味道，只是速度比較慢。唱完了一段故事，結句前必須「叫板」，以便加入伴奏並轉入新歌段。

此外，《黑暗傳》還以「盤歌」（即歌手間以歌問答）為展開內容、轉換情節的主要手段，故事的引入和歌手的輪替也都離不開「盤歌」。這在「胡本」中也體現的不夠，使人感到它不像神農架的喪鼓歌，更像一般的長篇敘事詩。

這裡想順便提及一個觀點，即我主張在《黑暗傳》前加上地域限定詞「神農架」，因為除神農架外，湖北的十堰、襄陽、宜昌、恩施等市也曾發現《黑暗傳》版本；除湖北以外，豫、湘、渝、陝等省市歷史上也曾有《黑暗傳》流傳，地區不同，其書面形式、語言特色和演唱風格也不會一樣。想盡融多種特色於一體，難度的確很大；以神農架特色為主，不僅比較容易做到，而且也有說服力，因為神農架是最早發現《黑暗傳》版本的地區，也是《黑暗傳》流傳歷史最悠久、保存資料最豐富的地區。

摘自《黑暗傳解讀》

讀胡本《黑暗傳》札記

陳人麟

胡崇俊先生整理的《黑暗傳》（以下簡稱「胡本」）終於出版發行了，這是胡崇俊先生二十年心血的結晶，值得慶賀。

我一氣讀了好幾遍，發現與《〈黑暗傳〉多種版本彙編》（中國民間文藝研究會湖北分會 1986 年編印，以下簡稱「彙編本」）相比，「胡本」內容確實豐富了不少，一些重要缺漏也得以填補，深感受益匪淺。

我是帶著問題讀的，因為研究過「彙編本」資料，也有過整理《黑暗傳》的嘗試，積累了許多問題。而今，有些問題算是找到了答案，有些仍未完全解開疙瘩，特別又引出了一些新問題，引發了一些新思考。

現將主要問題札記於後，並略陳管見，希望得到胡崇俊先生和專

家學者們的指教。

（1）

　　《黑暗傳》是胡崇俊先生根據眾多的手抄本資料整理而成的，它首先便涉及一個如何把握整理原則的問題。關於整理原則，劉守華先生在《序》中講了這麼一段話：關於民間口傳文學的整理，中國民間文藝家協會一直堅持「忠實記錄、慎重整理」的原則。這無疑是正確的。可面對篇首的「開歌場」，問題便隨之而來了：它本不屬於《黑暗傳》的內容，將其列在篇首，符合整理原則嗎？

　　「開歌場」的確不屬《黑暗傳》的內容，起碼不屬其必備的內容。這是因為無論是看手抄本，還是聽老歌手介紹，《黑暗傳》都是獨立的唱本，內容只涉及從黑暗混沌而至三皇五帝時代的歷史，並不包括其他；還因為「開歌場」同「歌尾」（應叫「還陽」）都屬於神農架民間傳統喪葬儀式的重要程序，具有濃厚的宗教色彩，形式、內容都早已程序化，因而與純歌本的《黑暗傳》性質完全不同。

　　揣摩整理者的意圖，似乎是《黑暗傳》主要在喪鼓歌場演唱，而喪鼓歌場是必須先開歌場的。若真如此，就難免牽強之嫌。

　　神農架的喪鼓歌場有三大組成部分，即「開歌場」、「唱歌」和「還陽」，它們依序分三大時段進行。開始必須先「開歌場」，儀式完畢才能「唱歌」，「還陽」排在最後，儀式結束必須立即出殯，同時宣告散場。《黑暗傳》主要在「唱歌」時段演唱，唯有在這個意義上才可以講，《黑暗傳》與「開歌場」、「還陽」之間存在一定連繫。

《黑暗傳》雖然主要在喪鼓歌場演唱，但絕非喪鼓歌場必唱《黑暗傳》不可。實際上，大多數喪鼓歌場都不唱《黑暗傳》，即使唱也不過幾個片段而已，唱全本的極為罕見。這是為什麼呢？主要原因有三：其一，《黑暗傳》長期受到封建正統觀念的排斥，歌手們不敢唱。《綱鑑》是依據孔孟之道編定的唱本，其開頭便說「唱歌莫唱黑暗傳，要把綱鑑看一看，休把混沌扯稀亂」，因為「讀書要學孔子道，古典原是文人造，只有先天不可靠。聰明不過孔聖人，只講湯武和堯舜，不講怪力與亂神，何曾開口講混沌？聖人不信哪個信，莫揀個棒槌當成針（真）」。其二，《黑暗傳》故事太離奇、內容太深奧，一般歌手都缺乏自信。因為歌手登場多有「自我顯示」的心理，怕把握不準、一時語塞而丟面子；歌場「比武」常由暗而明，怕相互盤問，引發鬥毆。其三，《黑暗傳》故事太長，難以記全。據老歌手回憶，全本分四部，長達萬行，非天才實難記住，獨自一口氣唱完更難以想像。

（2）

　　整理者在首頁的註釋中專門講到，這篇「開歌場」詞是「採用了10種孝歌歌頭儀式歌謠綜合而成」的，足見其重視程度。但有此必要嗎？

　　我曾請教了幾位歌手，他們多持否定態度。

　　有人說，「開歌場」詞是現成的，又編出一篇來，實在「大可不必」。這是因為，「開歌場」屬喪葬儀式，具宗教色彩，其內容、形式都早已程序化，歌手們世代相傳，沿襲至今。我就曾見過三個抄

本，發現其基本內容完全一致，只不過長短不同罷了。據歌手介紹，所以長短不同，主要原因在於「開歌場」和「還陽」都得符合孝家的要求和亡者的身分、地位、年齡、死亡原因等。

有人說，新「開歌場」詞未按規矩來，一些地方還「搞亂了套」。這是因為，它是喪鼓歌場開場的前奏，具體形式為：孝子將歌手從大門外接進靈堂，兩名歌手分持鑼鼓，邊走邊敲，有歌有白，以白為主。其間，每進一道門、上一步坎，孝子都得行跪拜大禮。它講究過五重門，情節依進門順序展開。它的內容主要是驅鬼逐邪，以便亡靈在祥和環境中接受親友悼念。（「還陽」與「開歌場」方向相反，是歌手由靈堂唱到大門外，講究出五重門，內容以相送亡靈升天為主。）整理者新整理的「開歌場」詞，沒有突出上述主線，卻加進了不少「唱歌」時段才唱的單歌，諸如「問天眼」、「講天由」、「說天河」等，因此才使歌手們感到彆扭。

有人說，新「開歌場」詞有點「不合情理」，譬如，歌手剛走進一重門，離靈堂還遠得很，不可能看見棺木，怎麼會唱「孝家一副好棺木」呢？又譬如，「哪一個白頭不老得長生」……「勸人行善莫作惡」一長段，純屬感嘆人生、勸人向善的單歌，內容與「開歌場」的目的和作用毫不相關，硬將它加在這兒，沖淡了「開歌場」的氣氛。

（3）

整理者在「開歌場」後，又單列了一篇「歌頭」，更讓人迷惑難解。

何謂「開歌場」？整理者在首頁的註釋中本來已說得很明白：「開歌場，又叫開歌路、起歌頭、歌頭等。」由此可見，前面有了「開歌場」，後面再加「歌頭」顯然是重複了。可為什麼又加了進去呢？尋思良久，方發覺他在不知不覺中犯了偷換概念的錯誤。因為又單列「開歌場」實際是說，「開歌場」是喪鼓歌場的前奏，「歌頭」則為唱《黑暗傳》的序曲。

撇開概念問題，我們要討論的當是唱《黑暗傳》是否必須有序曲？序曲是否定如「歌頭」那樣？答案應向神農架喪鼓歌場尋找。

在神農架山林裡，喪鼓歌場兼有聚會、娛樂和課堂三大作用，因此聽眾素來很多，所唱內容十分廣泛，天地鬼神、陰陽八卦、歷史地理、人世萬象無所不包。但歌場也有規矩，重要規矩之一便是，歌手唱歌的內容應與各個時段的主題相符，絕不是任何時候想唱啥就唱啥。每夜都大致分為四個時段，分別以「贊」、「嘆」、「扯」、「玩」為主題，依序進行。開場後先唱「讚歌」，即為亡者及孝家歌功頌德；繼而轉入「嘆歌」，即因亡者而發出對人生的感嘆，奉勸世人去惡從善。夜深了，才轉入「扯歌」，即東扯西拉一些內容，活躍歌場氣氛；夜更深了，便轉入「玩歌」，歌手們相互開玩笑，選唱些帶刺激性的內容，為的是激發聽眾情緒，堅持下去，守靈到天光。

《黑暗傳》多在「扯」的時段演唱，在正文前一般有個導入過程，我們可以將這個導入歌場看作「序曲」，但「序曲」的內容和形式卻是完全由歌場環境決定的，絕不可能有固定的程式。

前面已講過，喪鼓歌場一般不唱《黑暗傳》，唱是有一定條件

的，因此，「序曲」也各不相同。

神農架喪鼓歌場有條不成文的規矩，即必唱歷史歌。因為《黑暗傳》是「史前史歌」，時代最久遠，檔次也最高，所以常被視為歌場規格的一個重要象徵。一些孝家，出於提高亡者身分並顯示自家地位的心理，專門邀請資深歌手到場唱《黑暗傳》。為保證唱得順、唱得長，他們一般都要請兩名以上的歌手，而且還要是相互熟悉、彼此「合得來」的。這是因為《黑暗傳》的情節多是靠歌手相互盤答而展開的，發問者必須考慮到夥伴能否答得上、接得住，若卡了殼、接錯茬，定然會當場出醜、大丟面子。在這種情況下唱《黑暗傳》，歌手們對誰先發問、從何時問起和如何接答、怎樣展開情節諸方面多預先有所計劃，所以「序曲」當由歌手的風格和習慣決定，因人而異，沒有定式。

神農架喪鼓歌場還長期保持著一種古老習俗，即歌手們多屬不速之客，都視歌場如戰場。大家都想顯示自我，都在或明或暗地進行「比武」。「暗比」還好辦點，常見方式是聽前面的歌手唱清朝故事，自己必接唱明朝典故，《黑暗傳》其實就是這樣一個朝代一個朝代地往上推出來的。「明比」最容易引發事端，《黑暗傳》中一些離奇問題就是這樣提出來的。因為若逢不相識或有成見的歌手同場，就難免會競相提一些刁鑽的問題要求對方回答，答不上或答錯了，當然就現場出醜。諸如「誰是混沌父？誰是混沌母？混沌出世啥時候？還有什麼在裡頭」之類問題就屬此類，「㶈㳽生浦湜，浦湜就是混沌父，㶈㳽就是混沌母，母子成婚配，生出一圓物，包羅萬象在裡頭，好像雞蛋未孵出」的回答很古怪，由此引出的「混沌從前十六路」故事更顯

離奇。顯然，在這種環境裡唱《黑暗傳》，都帶臨時性、偶發性，因此就更不可能提前確定「序曲」了。

（4）

《黑暗傳》正文分為四大部分，整理者分別為之加了「天地玄黃」、「黑暗混沌」、「日月合明」和「人祖創世」四個標題，這讓我很糊塗了一陣。因為我習慣於先通過標題去把握書本內容的主幹，可思索良久都難得其解；《黑暗傳》被譽為「漢民族首部神話史詩」，理當按宇宙的演變進程展開故事情節，可為什麼又將「黑暗混沌」排在「天地玄黃」之後呢？

反覆閱讀，幾經琢磨，我才理出了如下頭緒：

表1

先　　　　　　　　　　　　天									後　天
天地玄黃				黑暗混沌			日月合明		人祖創世
黑暗混沌	江沽造水	天地玄黃	萬物初造	混沌世界	洪水泡天	人苗出世	盤古開天	日月升天	三皇五帝

通過上表不難發現，整理者特別重視「先天」部分。這完全可以理解，因為這裡的「先天」僅對自然而言，講述宇宙從黑暗到光明的演變歷程，（「後天」則對人文而言，講述人類社會的形成歷程。）《黑暗傳》中最為罕見、最有價值的神話故事也都集中在這一部分。

但就《黑暗傳》故事情節的發展線索而言，它的主幹卻不夠鮮明，有些混亂。讓我們將其與下表作一番比較：

表2

先　　　天			後　　　天			泡　　　天		治　世
黑暗	混沌	玄黃	盤古開天	日月升天	人類初造	洪水泡天	人類再造	三皇五帝

這個表是根據老歌手們的回憶整理的。與前者不同的是，它以「先天」、「後天」、「泡天」和「治世」為標題，不僅語言簡練、意思明朗，而且更具邏輯性、更符合「神話史詩」的特點。這裡的「先天」僅指地球生成前的宇宙，「後天」指天地日月出現前後，「泡天」指滄桑巨變，「治世」指人類社會之初。環環相扣，層層遞進，將《黑暗傳》故事的脈絡展現得清清楚楚。

（5）

我認為，老歌手們是根據《黑暗傳》的「史詩性」特點，鮮明地揭示了《黑暗傳》內容的主幹。

《黑暗傳》被譽為「漢民族首部神話史詩」，雖然學術界尚有爭議，我卻一直堅信不疑。我認為所謂「神話史詩」就是詩歌的形式與創世神話內容的統一，（因而它又被稱做「創世史詩」。）所謂「創世神話」則應是以解釋宇宙演變、人類社會的形成歷程為主要內容的神話。《黑暗傳》完全符合這些條件：它是詩歌，讀起來朗朗上口，

唱起來娓娓動聽；它的故事都具有「創世神話」的鮮明特點，譬如「浪蕩子吞天」講地球形成、「洪水泡天」講滄桑之變等；它是由眾多故事組成的一個整體，系統地解釋了宇宙自氣體一團到地球出現、自黑暗混沌到日月光明、自汪洋一片到陸海分離、自人祖誕生到社會形成的漫長歷程。

回顧整理者曾經記錄的兩段話，更容易明白《黑暗傳》的內容主幹和故事梗概：

在他和劉守華先生合寫的《黑暗傳的發現及其價值》（見《民間文學研究動態》1986 年 2-3 期合刊）一文裡，他說：曹良坤家原藏一部木刻本，他記得分為四大部，《先世天》敘述天地起源，《後天》講盤古開天闢地，《翻天》講洪水泡天、人類再造，《治世》敘述三皇五帝事蹟。

在他與何伙先生為「彙編本」所寫的《序》裡，他又說：天地之初只是一團氣體，天地二氣不能化生，一直瀰漫在一片黑暗之中。開始沒有水，光水的誕生就經過了不知多少神人的努力，始終造不出水。直到出現了一個叫「江沽」的神人才把水造了出來。有了水就有了生命的源泉。那時，天萌芽了，長出一顆露水珠，卻又被「浪蕩子」吞掉了，「浪蕩子」一吞下就死了，他的屍體分成五塊，才有了五形（行）。從此地有了實體，有了海洋，出現了崑崙山吐血水，才誕生了盤古。盤古開天闢地，請來日月，最後垂死化身，軀體化成大地的一切。盤古死後，大地上的金石、草木、禽獸化成了各種各樣的神，這時還沒有出現人類。這些神中間，互相爭奪，鬧的天昏地暗，直到洪水滔天。在洪水中，又出現了黃龍和黑龍搏鬥，來了一個叫昊

天聖母的神，幫助黃龍打敗了黑龍，黃龍產蛋相謝，聖母吞下龍蛋有了孕，生下三個神人，一個主天，一個主地，一個主冥府。在洪水中，又出現了五條龍捧著大葫蘆在海上漂流，昊天聖母打開葫蘆，見裡面有一對兄妹，勸他們成婚，才生下了各個創世的神，到這時才產生了有血有肉的人類世界。

我認為，前一段話道出了《黑暗傳》內容的綱，後一段則堪稱《黑暗傳》內容的目，抓住這個綱和目，就能使《黑暗傳》主幹鮮明、層次清楚。

（6）

遺憾的是，整理者並未能把握好上述的綱目。

譬如第一部分：首先，「天地玄黃」的標題便讓人費解。因為凡對《黑暗傳》內容有一定瞭解的都知道，它是按宇宙演變進程展開故事情節的，宇宙之初是氣體一團、黑暗一片，既沒有天，也沒有地，「天地玄黃」是從何說起的呢？更重要的則是主幹不明。它包括講了黑暗混沌、江沽造水、玄黃出世、浪蕩子吞天、萬物初造等眾多內容，但就是缺乏一條鮮明的線索，因此難以看出彼此間的連繫。其實，這部分的主幹很清楚：它是按「黑暗」→「混沌」→「玄黃」的順序展開故事情節的。它將「先天」分為三大階段，第一階段由「黑暗老祖」主宰，以「黑暗」為主色。關於「黑暗老祖」，「彙編本」裡有這樣的歌詞：歌師發問講先天，先天只有氣一團，黑哩咕咚漫無邊。有位老祖叫黑暗，大事小事她都管，黑暗老祖無雙親，無影無形

無臉面，伸手不能見五指，怪裡怪古掌江山」。第二階段由「混沌老祖」主宰，以「混沌」為主色。關於「混沌老祖」，「彙編本」裡有這樣的唱詞：「黑暗過後出混沌，混沌之時啥沒有，萬氣相聚黑黝黝。當日有個濰淒祖，濰淒生浦湜，浦湜就是混沌父，濰淒就是混沌母，母子成婚配，生出一圓物，包羅萬象在裡頭，好像雞蛋未孵出。」第三階段由「玄黃老祖」主宰，以「玄黃」為主色。「玄者，黑也」，所謂「玄黃」意即黑中帶黃。「玄黃」預示「先天」即將結束、光明即將來臨。這一黑色由濃變淡的過程，正反映了宇宙初期的演變進程。

（7）

由於主幹不鮮明，材料取捨和安排方面便難免出現錯亂。

譬如，第二部分的首句歌詞「玄黃過後出混沌」就當是一個錯誤。因為前面的歌詞已經講得很清楚：「黑暗出世有混沌，混沌之後黑暗明」，「混沌之世出玄黃，玄黃出世天地生」。可這裡又說混沌出現在「玄黃過後」，顯然不合情理。我懷疑這句歌詞為「玄黃過後又混沌」之誤，因為接下來講的是「洪水泡天」的故事，而「洪水泡天」又使世界回覆到混沌狀態。

再如，「玄黃騎了混沌獸，師徒又在山中行」以後的內容放在這部分也不合適。因為玄黃收服了混沌，表示已完成了由「混沌」而至「玄黃」的進程，「先天」的故事已經結束。同時，這些內容或解釋天干地支的由來（如「玄黃劈開蛋來看，蹦出小孩一大群，十個男孩十二女，個個機靈甚喜人，天干地支出了世，玄黃一一取了名」），

或解釋人苗的由來（如「鴻蒙洞中奇妙子，玄黃出遊心納悶，忽然心中靈機動，挖來黃泥做成人，做一男來做一女，就讓他們成婚配」），或解釋植物的由來（如「玄黃老祖心納悶，回到洞中觀分明，石台上面飄香氣，台上現出七果仁，果仁忽然來跳起，頓時落地生了根」），或解釋妖怪的由來（如「我們都是太黃生，有的金石來成形，有的樹木來長成，有的山精並水怪，有的爬蟲與飛禽」）……多與「創造萬物」相關，可此時尚沒有日月，萬物憑何而生呢？顯然也是不符合情理的。

雜亂的問題表現得更為突出：

譬如，從開篇到第三部分完，幾乎處處都在講混沌，可給我的印象卻是越看越糊塗。這涉及「混沌」一詞的概念問題。在《黑暗傳》中，不同的時期，「混沌」所表示的意思也不同，主要有三種：一是與「黑暗」、「玄黃」相對，指一種糊糊塗塗的顏色。二是與「黑暗」乃至「玄黃」等義，即「黑暗」亦「混沌」或「玄黃」，也即「玄黃」亦「混沌」或「黑暗」（《黑暗傳》因此而又稱《混沌傳》、《混元記》）。三是指「洪水泡天」後的宇內景象。最難分辨的是第一部分，因為它既指色又指神。在「玄黃收混沌」一段故事中，「混沌」便是一位神人，他始而變做一隻怪獸偷襲玄黃及其弟子們，繼而與玄黃鬥法鬥得天昏地暗，最終被玄黃收服，並心甘情願地為玄黃做了坐騎。這段故事不僅精彩動人，還揭示了一條真理——舊事物總是不願自動退出歷史舞台的，新事物要代替舊事物必須經過一番艱難曲折的鬥爭。

又譬如，盤古故事是《黑暗傳》的一大精華，可是也被分散在幾

部分，因而搞得支離破碎。其實，它也有完整的故事情節：盤古孕育於崑崙山，出世於玄黃後；他用寶斧寶鑿劈開了天地，又用自己的身體穩定了天地；他請日月星星升上了天空，世界從此才有了光明；他是個徹底的奉獻者，垂死化身才造就了萬物和黎民。應將它們集中起來系統講述。

再譬如，兩次講到「兄妹成婚」的故事，前面說是洪水後從葫蘆裡出來的一對「童男童女」，後面又說是太昊聖母因感虹霓而生的一對兒女，並明確指出是伏羲和女媧。我認為它們應是同一回事，合併處理為好。

（8）

上述問題是怎麼造成的呢？我以為與整理方式與方法大有關係。

劉守華先生在《序》中講：對口傳文學資料「整理的方式，大體有兩種，一種是就一種比較完整的記錄或版本進行單項整理；二是對表現同一母題而擁有大同小異若干異文的作品，選取比較完善的一兩種為主幹，再吸納其他文本的優點，進行綜合整理」。

整理者在《代後記》中說，他選用了「綜合性的整理方法」。我發現，他所謂的「綜合」實際上是以劉先生所說的第一種方式為主、第二種方式為輔。這本來無可非議，但使用這種方法必須以有較好的主版本為前提。我認為目前還不具備這一前提，因為迄今為止還沒有發現清代木刻本的《黑暗傳》，也沒有找到完整的《黑暗傳》抄本，整理者所蒐集的資料都來自於手抄本，不少還是幾經轉手才轉抄過來

的，它們無不嚴重殘缺，訛誤更在所難免。整理者以之作主版本，當然會主幹不清、雜亂無序了。

我認為這樣的方法更簡便也更適用些：先確定主幹──「先天」→「後天」→「泡天」→「治世」，再添加枝葉──如前表 2 所示，最後才選用相關材料去充實。

但使用上述方法也有難處，主要難在選用資料方面：一是難以判定真偽，譬如「浪蕩子吞天」的故事吧，從現有的版本來看，對「生天之根」有說是托在荷葉上的一顆露珠，又有說是落在滑塘裡的一個圓物；對斬殺浪蕩子者，有說是奇妙子，又有說是玄黃祖……孰真孰偽，誰也說不清楚。二是難以割捨。有些歌詞是歌手出於某種原因臨時插進去的（歌場上經常如此），由於比較精彩，整理者明知放在那兒不合適，但因捨不得割愛而保留，結果卻沖淡了主題，甚至造成了錯誤。

讓我們結合一些故事進一步討論吧：

（9）

《黑暗傳》認為人類起源於海洋，近代學者也提出了類似的論斷，所以我一直很關注有關海洋的神話。「彙編本」裡僅有「江沽他才造水土」一句歌詞，當然難以解渴；如今有了新版本，我自然讀的特別仔細。

讀過「江沽造水土」一節，果然收穫很大，譬如下列兩方面就形

成了一些新認識：

其一，關於「水土」一詞的概念。過去，我一直苦苦思索著一個問題——它究竟是一個偏義複合詞，還是一個聯合式的合成詞？現在感到應是一個複合詞，而且詞義偏於水。因為從內容上看，主要是講江沽始水的故事；從情理上分析，兩者一般也不會同時出現。

其二，關於「水」的含義。過去，我總是從一般意義上去理解「水」，以致難以解釋後來的一些問題；現在才認識到，這兒的「水」實指「海水」。因為「江沽出世水乾枯，屍骨化水成泥土」，可見原來就有過水，只不過尚沒有形成海而已；江沽所以被尊為造水之神，全在於他最終成就了造海的大業。

其三，關於海水的由來。我們常說千條江河歸大海，其實，江河湖海的最大水源都在雪山。江沽歷盡艱險，始化玄冰為海洋，不僅故事情節動人，而且符合科學道理，當是《黑暗傳》最值得珍視的方面之一。

同時也引發了一些新問題，譬如土是誰造的？可能是一位尚不知道姓名的神人造的，因為「江沽出世水乾枯，屍骨化水成泥土」，似乎是說泥土的出現在江沽造水之前。但也可以將江沽看作造土的神人，因為是他喝乾了水才使得萬物的屍骨化為了泥土。這難道就是「江沽造水土」的全部含義嗎？此外，我又連繫到這麼一段詞：「天地自然有根古，泡羅能夠生水土，江沽他才造水土。赤氣降了地，泡羅吐真氣，生出小元湜，湜子名沙泥，沙泥傳沙滇，沙滇傳沙沸，沙沸傳紅雨，紅雨傳化極，化極傳苗青，苗青傳石玉，這時才有沙和

泥。」這一段是說泥土是石玉化成的，也很有科學道理，但依情理而推，土當出現在水之後，這便與江沽的關係不大了。到底是怎麼一回事？尚待新資料證明。

（10）

讀「浪蕩子吞天」的故事，更使我浮想聯翩。

這段神話實際上是解釋地球和五大洲的成因的，因為多種抄本都有記載，我比較了它們的同異：

「浪蕩子吞天」是指他吞下了「生天之根」而言的，這個「生天之根」實指地球，各種版本都說它是圓的，恰好反映了古人對地球形狀的認識。不同之處在於，不同的版本對這個圓物有不同的描述。整理者是這樣描述的：「一日師徒出洞門，來到玄黃山上行，又見地眼赤氣出，山上天眼青氣生，忽聽轟然一聲響，二氣氤氳結一團，落在山中滾三轉，頃刻又沖半天中，又落玄黃山頂上，山頂之上放祥光」。此說確比「彙編本」裡的三種說法（一說它是一顆晶瑩剔透的露珠，被海洋裡一匹巨大的荷葉托著；一說它是一顆寶珠，藏在崑崙山上；一說它是地眼飛出來的一個圓物，落在玄黃山上）更合理，因為點明了它是天地二眼飛出的青赤二氣氤氳結成的氣團，為後面的青氣上升、赤氣下沉、天地形成、陰陽分離埋下了伏筆。

浪蕩子是怎麼「吞天」的？有的說的較簡單，有的說得較詳細。整理者講：「空中掉下人一個，此人身高五丈長。奇妙連忙問姓名，那人口稱浪蕩子，要與奇妙奪寶珍。兩人爭奪不相讓，拉拉扯扯爭輸

贏。浪蕩一口來吞下，奇妙連忙見師尊」。這一段雖比「彙編本」裡的兩種說法（一是「浪蕩子一見甚可愛，一口吞下腹中藏。奇妙子忙去稟師父，一下氣惱江沽皇」；一是「浪蕩子他把天來吞，子義一見怒火生，把他拉住不放行」）更有情趣，但比起下面一段卻又遜色不少。「義人遵了師父令，忙向崑崙山中行，來到崑崙四下尋，見一寶珠在此存，彎腰下去正要檢，忽見前面來一人，子義只顧將他看，不顧取得寶和珍，那人搶了那珠寶，將它拿在手中心，子義一見心大怒，叫聲來的是何人？怎敢取我寶和珍？此人一聽心大怒，怎麼這等無禮信？你要問我名和姓，聽我從頭說分明。我名就叫浪蕩子，專到此處取寶珍。子義當時聽得清，又把浪蕩叫一聲，此乃是我師父的寶，你敢拿去胡亂行？浪蕩子一聽怒火起，你若再說三不敢，我就把它一口吞！子義一聽怒聲嗔，你不敢、不敢、真不敢，不敢吞我寶和珍！三個不敢說完了，浪蕩子就把天來吞。」

浪蕩子吞天帶來了啥後果？相同之處在於都說他被屍分了五塊，不同之處在於涉及的人物和情節不盡一致。整理者講：「飛劍已斬浪蕩子，身分五塊血流出，鮮血流出如紅水，腹中蹦出那寶珠，寶珠落地滾溜溜。玄黃叫聲奇妙子，你將寶珠來劈開，一半黃來一半青，青上浮來黃下沉。只聽咔嚓一聲響，逢中劈開一般勻。青赤二氣兩分開，玄黃山下產育精。虛空混合盤旋轉，結成圓物似蛋形，青的半邊化青氣，黃的半邊在地平，霎時天青地又黃，不斷擴大無邊境，青的為天又為云，黃的為濁往下沉，從此天地初出世，黑暗之中現光明。」這一段只強調了青赤二氣分開、形成了天地雛形，卻忽略了海陸分離、形成了五大洲，若將「彙編本」中的下列內容補充進去就更完美了：「（玄黃）斬了浪蕩子，五塊屍體五下分，腸中流出那寶珍，

寶在地上亂滾滾。玄黃一見不消停，開口便叫奇妙子，此是二氣化紅青，它是天地產育精，青的三十三天界，紅的地獄十八層」；「玄黃斬了浪蕩子，寶珠從他肚內倘，屍分五處丟海洋，海洋裡長出崑崙山，一山長成五龍樣，五龍口中吐血水，天精地靈裡頭藏，陰陽五行才聚化，盤古懷在地中央」；「從此五方有了名，左手為東右為西，左腳南來右腳北，東南西北有根痕，首級又把中央定」。

（11）

關於「洪水泡天」故事，以下問題還值得研究：

其一，「洪水泡天」意何指？它講的是洪水氾濫，淹沒了大地，毀滅了社會，使世界又回到汪洋一片的故事，含義卻在於《黑暗傳》對「滄桑巨變」做出的解釋。整理這一故事，必須以此做指導思想。

其二，「洪水泡天」在何時？我們看到，從第二部分起，直到第四部分，都有這個內容，其實它僅發生在日月升天後、人祖出世前。因為，要「泡天」必須先得有「天」，在盤古開天地之前講這段故事顯然不合情理；現代科學已經證明，地球史上確曾幾經「滄桑巨變」，更可見它應發生在地球形成之後；民間素有「三番洪水、三分天地」的說法，也含有洪水使日月失去光輝、世界又呈現一片混沌的意思。

其三，「洪水泡天」有幾番？整理者有這樣一段註解：「本書中紅水與黑水、清水均是創世時期中的洪水神話，此處因情節發展，洪水又分為紅、黑、清三種形態。」此說我不完全贊同。因為，「洪水

泡天」並非僅有一次（否則「幾經滄桑」便無法解釋），鑑於「三番洪水、三分天地」中的「三」字實為泛指多數（古漢語中常見這種情況），歌詞中又有「紅、黑、清（應為青）水泡天」之分，我認為分開來講更符合《黑暗傳》的原貌。怎麼分呢？可以先總述、後分述，即先講「洪水泡天」，然後分別講「紅、黑、清水泡天」。應予注意的是：一要連通一氣（將之分在二、四兩部分實在不妥），二要分辨先後，可依黑色由濃變淡的過程編排其秩序（「黑水泡天」→「紅水泡天」→「清水泡天」）。

其四，「洪水泡天」緣何起？從現有資料來看，僅模糊地提到兩次，一次是黑黃二龍爭鬥引發洪水，一次是共工撞倒不周山引發洪水，這顯然是不夠的。為彌補這一不足，可用南方少數民族的同類傳說做補充。譬如，被袁珂先生收錄在《中國古代神話故事》中的一則徭民傳說便很有意思。它說，天上有個青臉雷公一慣到人間逞兇，終於被一位勇士擒住。勇士出去打酒，準備回來便吃雷公肉，卻不料雷公藉機哄騙兩兄妹，沾水而衝破了牢籠。雷公返天，即發下了洪水……

其五，「洪水泡天」怎樣息？現有資料也很不足，在沒有獲得新資料前實在無法一一說清楚。但有一點必須注意，就是每次洪水平息後，都有一段「造人」的故事，譬如「龍蛋子造人」、「兄妹造人」、「伏羲女媧造人」、「女媧造人」等。我認為應將「人類初造」與「人類再造」區分開來，對此將在後面專題討論。

（12）

　　歌詞裡講到「人苗」與「人祖」兩個概念，當與歌手們所說的「人類」與「人類再造」相關。

　　據老歌手們回憶，《黑暗傳》裡說，人類不是一下子就出現的，而是也經歷了一個曲折的創造過程。最開始僅有「人苗」，他們雖然初具了人的形象，但仍以神格為主；其後才出現了有血有肉的「人祖」，並由他們慢慢繁衍出人類。這是合乎道理的，隱含著人類進化的思想。

　　但是，四大問題卻很不容易搞清楚：

　　其一，「人苗」該如何定義？表面看似乎可定義為「三皇五帝時代之前以神格為主的人」；實際上卻沒有那麼簡單：因為玄黃曾用黃泥造過人（「玄黃出遊心納悶，忽然心中靈機動，挖來黃泥做泥人」），女媧也曾用泥巴造人（「女媧取了黃泥土，要接黃土做泥人……女媧造人費辛勤，內臟七竅都成型」）。同是泥人，當同屬「人苗」，可兩者相距時代很遠，後者好像又該歸入「人」類。

　　其二，「人祖」該如何定義？主要涉及盤古，若將他列入「人祖」，可他卻不是血肉之軀；若不列，「自從盤古開天地、三皇五帝到如今」的口頭禪又無從解釋。

　　其三，「人祖」是否也經歷了一段進化過程？好像有這種含義，因為三番洪水後都有一段人祖出世的故事，若三番洪水是依序發生的，三種人祖形象又各不相同，便隱含著自「猿人」而至「古人」再至「新人」的進化思想。

其四，「社會」是怎麼形成的？人類社會當然不是一下子就形成的，它始於哪位「人祖」，又以什麼時代為最終形成的標誌呢？一般認為伏羲女媧為最初的「人祖」，三皇五帝時代代表社會已經形成，可這又碰到了新問題：對「三皇五帝」歷來便說法不一。關於「三皇」，《史記・秦始皇本紀》說是天皇、地皇和人皇，《帝王世紀》等說是伏羲、神農和黃帝，《白虎通》說是伏羲、神農和祝融，《風俗通義》說是伏羲、女媧和神農。關於「五帝」，《易・繫辭》說是伏羲、神農、黃帝、堯、舜，《史記・五帝本紀》等說是黃帝、顓頊、帝嚳、堯、舜，《帝王世紀》說是少昊、顓頊、高辛、堯、舜。上述人物在現在的本子裡都有，「三皇五帝」實難區分。此外，還出現了五龍氏、鉅靈氏、皇覃氏、有巢氏、燧人氏、史皇氏等，他們也都具有「人祖」資格，到底與「三皇五帝」同時代還是更早些呢？

我認為，根據現有的資料，改用這樣的處理方法會更合適一些：

①將「人苗」出世故事相對集中，放在盤古開天、日月升天之後講述，因為此時陽光、水分和空氣都已具備，萬物已出現，創造「人」也有了條件，只是尚沒有經過「洪水泡天」的磨難，他們還不可能成為真正的「人」。

②以伏羲、女媧為「人祖」出世的標誌，與「葫蘆兄妹」故事相連繫，與「洪水泡天」完全平息相銜接。只是應將女媧補天故事提前到「洪水泡天」時代，後面講二人故事時應說明是他們的轉世（這在神話故事中很常見）。

③按《史記》說法講「三皇」，《易・繫辭》說法講「五帝」，將有巢氏、燧人氏故事作為「三皇」向「五帝」的過渡，將少昊、顓頊

等作為「五帝」間的過渡人物。

④在虞舜時代（含大禹治水故事）結束全文。因為《黑暗傳》乃神話史、史前史，夏商兩朝已進入文明時代，並有了信史。

《黑暗傳》是我們民族文化寶庫中一顆璀璨的明珠，不僅具有重要的文化價值，還具有多方面的研究作用，實在值得珍視。從當前情況來看，繼續蒐集、挖掘、整理、研究的任務還很繁重，我殷切期盼著更科學、更完整的新版本面世。

摘自《黑暗傳解讀》

第三部分

評述文摘

《黑暗傳》發現始末

劉守華

這十幾年胡崇俊可以說是如痴如醉，飽嘗艱辛。他曾九赴興山，三到秭歸，八奔保康，三至房縣，只要聽到有一點線索，他就抓住不放，既有過受人坑騙的煩惱，也享受過「踏破鐵鞋無覓處，得來全不費功夫」的喜悅。

關於《黑暗傳》是否為漢民族的「神話史詩」，是十多年來引起人們爭議的焦點，這也是無法迴避的一個話題。我和袁珂先生於二十世紀八〇年代中期在閱讀胡崇俊擁有的全部資料並暸解到它流傳的文化背景之後，認為它可作為「漢民族廣義神話史詩」來看待。

胡崇俊深入神農架，探尋《黑暗傳》

從二十世紀八〇年代初開始即受到文化界熱烈關注的漢族民間神話歷史敘事長詩《黑暗傳》，終於由長江文藝出版社推出，有了第一個正式出版的文本，不能不令人倍感喜悅與激動！

　　這是由胡崇俊完成的關於《黑暗傳》的「整理本」。因此我們的評說首先就民間文學的整理問題展開。《黑暗傳》的第一個節錄文本，見於一九八三年年底編印的《神農架民間歌謠集》中。隨後他又蒐集到六七個抄本，集合起來成為《神農架黑暗傳多種版本彙編》一書，於一九八六年由湖北省民間文藝家協會印出。當時我在中國神話學會主席袁珂先生的支持下，將它作為漢民族的「神話史詩」（廣義的神話史詩）予以評論，一時間受到文化學術界的極大關注，同時也引發爭議。因《黑暗傳》在廣泛流傳中生發出多種口頭與書面（抄本）異文，就《彙編》中收錄的文本來看，在內容大體相同的情況下又有許多歧異，加之文本殘缺不全的情況也很普遍。因此胡崇俊就產生了要進一步搜求內容更完整的本子，從而整理出一個集大成的完善文本的想法。我和袁珂先生都讚賞他的宏願。袁先生於一九八七年二月二十三日覆信道：

　　關於《黑暗傳》整理問題，我以為宜持非常慎重態度。就現有八種殘缺版本，似尚難圓滿達到整理目的。尚須作更廣泛的蒐集，最好能蒐集到接近原始狀態的本子。整理時潤色要恰到好處。至於「發揮」，則應尊重原作精神，略事點染也就可以了，千萬不要離開本題，加入現代化的思想。

　　為進行更廣泛的蒐集，「皇天不負苦心人」，終於有了一系列新收穫，如保康縣店埡鎮一村民家收藏的《玄黃祖出身傳》抄本，計

九十六頁，二十回，三千餘行，就是一個相當完整的本子。還有神農架林區宋洛鄉栗子坪村陳湘玉和陽日鎮龍溪村史光裕口頭演唱的《黑暗傳》也較為生動完整。在占有豐富的口頭與書面材料的基礎上，經過仔細鑑別比較，胡崇俊便以《黑暗傳》、《黑暗大盤頭》、《混元記》、《玄黃祖出身傳》等七份抄本和曹良坤、曾啟明、史光裕、陳湘玉等十幾位歌手的口述文本為基礎，選取其中意趣和文詞更為豐富生動的部分加以拼接，構成這一個新的文本。詩中的故事情節和文句均有來歷，他不僅沒有杜撰和改變原有的故事，文句上也只是根據情況略作修飾潤色，儘可能保持其原貌。關於民間口頭文學的整理，中國民間文藝家協會一直堅持「忠實記錄，慎重整理」的原則。至於整理的方式，大體有兩種，一是就一種比較完整的記錄或版本進行單項整理；二是對表現同一母題而擁有大同小異若干異文的作品，選取比較完善的一兩種為主幹，再吸納其他文本優點，進行綜合整理。「不管上述哪一種整理，都應當努力保持作品的本來面目，主題和基本情節不變，保持群眾的生動語言，保持民間創作特有的敘述方式、結構和藝術風格。」「整理者的目的，就是把人民群眾的好作品發掘出來以後，作些必要的和可能的加工，使它們恢復本來面目，或儘可能完美一些，以便列入祖國各民族的文藝寶庫中，長久地廣泛流傳」（賈芝：《談各民族民間文學蒐集整理問題》）。二十世紀五〇年代受到人們廣泛讚譽的彝族撒尼人的敘事長詩《阿詩瑪》，就是在占有九種異文的基礎上，採取上述「綜合整理」方式而得以問世的。胡崇俊對《黑暗傳》的整理，正屬於這樣的「綜合整理」。他以十分審慎的態度和在神農架地區多年從事民間文學的豐富經驗來從事這項工作。我讀過大部分原始資料本，這次欣喜地捧讀整理本，覺得它的內容更豐富，文辭更優美，對讀者也更具吸引力。從整理民間文學作品就是

「作些必要的和可能的加工，使它們恢復本來面目，或儘可能地完美一些」這一標準來衡量，整理本是基本上達到了上述要求，因而是成功的。自然，由於受著各種條件的限制，整理工作不可能盡善盡美。《黑暗傳》的多種文本在鄂西北、鄂西南的廣大地區時有新的發現，不能說這個整理本已將它們囊括無遺；《黑暗傳》文本體系較為複雜，不僅是古代聖賢典籍與山野民間文化的雜糅，而且同時受著儒、道、佛「三教」思想的浸染。因而對有關文本的評判取捨是否恰當，拼接是否自然合理，都容許批評和討論。整理者的最大優點是具有面向廣大讀者的通俗性與可讀性，至於對研究者來說，如果能將原始資料本一字不動地提供出來，自然也具有很重要的價值。我們在肯定這個整理本的同時，也歡迎人們在《黑暗傳》的研究整理上進行另外的嘗試。關於對民間口頭文學的加工寫定，可區分為錄音記錄、整理、改編、再創作幾種不同類型，它們忠實於原作的程度不一，各有其社會價值與學術價值，其中最通行的是整理文本。芬蘭的著名史詩《卡勒瓦拉》，就是一百多年前由一位鄉村醫生將多年蒐集得來的許多短篇敘事民歌加以整理，連綴成篇而獲得不朽藝術生命力的。

《黑暗傳》是否為漢民族的「神話史詩」

後來雖有人發表文章提出異議，甚至用刻薄的語言嘲諷我們是出於對中外「史詩」的無知而妄加評判，我們仍堅持《黑暗傳》的「史詩」說。袁珂先生不幸已於二〇〇一年去世，他在病中給我寫來的信裡，仍不改初衷：「至於我從前神話史詩的提法，至今檢討，尚無異議。」堅持這一說法的理論依據何在？「史詩」本是出自希臘文的外

來語，其傳統定義和標準從《伊利亞特》和《奧德賽》這樣的希臘英雄史詩中引申而來。千百年來學人沿用這一傳統定義，不敢越雷池一步，於是弄得許多國家因沒有這類「史詩」而在文化創造力上遭到貶抑。二十世紀八〇年代以來，中國民間文藝學家開始打破這個洋教條，除肯定藏族的《格薩爾》，蒙古族的《江格爾》和柯爾克孜族的《瑪納斯》為傑出的英雄史詩之外，還提出西南許多少數民族中間，流傳著古樸神奇的「神話史詩」或「創世史詩」，它們是一個「神話史詩群」。我正是受到了這一發現的啟示，才將《黑暗傳》和它們捆綁在一起予以評說。因為不論就其內容、形式、文體特徵以及存活的民俗文化背景來看，這些作品都十分接近，顯而易見屬於同一類型的口頭文學。如果無法從根本上否定中國學者的「神話史詩」說，以及被公認的西南少數民族的眾多「神話史詩」作品，那麼，同它們在這個「神話史詩地帶」上連體共生的《黑暗傳》所具有的「神話史詩」特徵，也就難以被否定。

最近，從《民族文學研究》二〇〇一年第二期上讀到芬蘭著名學者勞裡·航柯的《史詩與認同表達》這篇富於創見的史詩論文，更堅定了我關於《黑暗傳》為「神話史詩」的理念。原來以希臘史詩為唯一標準的傳統「史詩」概念，早就被一些西方學者視為「陳腐解釋」和「僵死的傳統」扔在一旁了。請看他的精彩論述：

史詩是「一種風格高雅的長篇口頭詩歌，詳細敘述了一個傳統中或歷史上的英雄的業績」。這種陳腐解釋帶來的問題是，與它發生關係的總是特殊的英雄史詩，以至忽視了相當多的傳統史詩種類。近些年中，西方學者倍感「荷馬樣板」是束縛，而不是鼓舞人心的源頭活水。在史詩的比較研究中這種態度更為突出，其中包括那些非歐洲口

頭史詩的研究著作，這些是建立在活態傳統調查經驗之上的成果。對此，約翰‧威連慕‧約森講過多次，他說：我希望希臘史詩刻板的模式，一種在現實行為裡再也看不到的僵死的傳統，不該繼續統治學者的思想。希臘傳統只是許多傳統之一。在非洲和其他許多地區，人們可以在自然語境中去觀察活態史詩傳統。史詩是關於範例的偉大敘事，作為超故事是被專門的歌手最初表演的，它在篇幅長度、表現力與內容的重要性上超過其他的敘事，在傳統社會或接受史詩的群體中具有認同表達源泉的功能。

對外來的耳朵來說這種冗長無味的、重複的敘事，都在特殊群體成員的記憶中通過他們對史詩特徵和事件的認同達到崇高輝煌。對史詩的接受也是它存在的基本因素。如果沒有某些群體至少是一部分的欣賞和熱情，一個敘事便不能輕易地被劃為史詩。

《黑暗傳》是「活態史詩」

袁珂教授擔任過國際民間敘事文學學會主席，因在研究上的卓越成就，曾為聯合國教科文組織起草關於保護民間文化遺產的決議。他在這篇論文中提出，史詩就是表達認同的超級故事，所謂認同即史詩所表達的價值觀念、文化符號和情感被一定範圍之內的群體所接受和認同，乃至成為他們自我辨識的寄託。許多民族至今依然存活於口頭的「活態史詩」便具有這樣的功能。他著重從文化功能上來界定史詩。這一功能的發揮雖然同史詩的長度、內容的重要性、藝術表現力及專門歌手的演唱等特徵密切相關，但絕不能以希臘史詩所謂「風格

高雅的敘述」為樣板，形成束縛學術界的「僵死傳統」。這些論斷對我們評價《黑暗傳》是再合適不過了。《黑暗傳》就是一種「活態史詩」。它採取多種口頭與書面文本世代相傳，作為「孝歌」、「喪鼓歌」由大歌師以隆重形式演唱，深受民眾喜愛；它以有關盤古氏開天闢地結束混沌黑暗，人們崇敬的許多文化英雄在洪荒時代艱難創世的一系列神話傳說為述說中心，「三開天地，九番洪水」，時空背景廣闊，敘事結構宏大，內容古樸神奇，有力地激發著人們對中華歷史文化的認同感，完全具備「史詩」的特質。如果說在那些因受流傳條件的限制而變得殘缺不全的文本中還感受不到史詩的魅力，那麼，在胡崇俊整理的這部長達五千多行的詩篇中，史詩的形態就展現得更為充分了。

在世界上許多國家的學者熱情關注「活態史詩」，並以文化多元論的新視野來充分肯定這些「活態史詩」珍貴價值的情況下，將《黑暗傳》作為「漢民族神話史詩」來看待，就更加理直氣壯了。關於《黑暗傳》的特色與價值，我於二〇〇〇年寫成的《〈黑暗傳〉追蹤》，發表在台北出版的《漢學研究》上，受到海峽兩岸一批熱愛中華文化的學人的好評，他們也滿懷興趣地打算介入《黑暗傳》研究。

但這些成果都只是初步的。以關於《黑暗傳》來龍去脈的探尋而言，本人初步斷定它形成於明代，並同明代敘述神話、歷史的通俗小說有關聯。但這是就長篇歌本的構成來說的，至於其中的神話傳說故事，以及在喪葬儀式中把這些神話傳說作為「喪鼓歌」來詠唱的習俗，顯然有著更久遠的歷史。據胡崇俊最近告知，他讀過的一部清同治年間刻印的《保康縣志》中，載有「唯有農夫最辛苦，唱罷三皇唱盤古」的詩句，可見這一民俗事像有著深遠的根基。又從有關房縣

「流放文化」的報導中得知，房縣是中國古代四大流放地之一，從秦朝開始，先後有十四位失寵的帝王將相和上萬名達官顯宦被流放到這裡（見 2001 年 11 月 6 日《湖北日報》）。《黑暗傳》正分布在古房縣的地理範圍之內。《黑暗傳》中深厚的中華古文化積澱，絕不會是空穴來風，我們有充分理由推斷，這些被流放的「文化菁英」也融合到了《黑暗傳》這類民間文化成果的創造者之中。

再論《黑暗傳》

——《黑暗傳》與敦煌寫本《天地開闢以來帝王紀》

劉守華

　　《黑暗傳》這部湖北民間長詩是在一九八三年八月編印的《神農架民間歌謠集》中，作為「長篇神話歷史敘事詩」首次亮相的，蒐集整理人為胡崇俊。劉守華被它所吸引震撼，當即撰寫了一篇題為《PPJ 西古神話的發現——神農架神話歷史敘事長歌〈黑暗傳〉初評》，提交一九八四年七月舉行的中國少數民族神話學術討論發表，隨後又在《江漢論壇》一九八四年第十二期刊出。繼《湖北日報》於一九八四年九月二十一日報導此事後，《人民日報》也於一九八六年十二月十八日於頭版刊出這一新聞。湖北省民間文藝家協會於一九八六年編印出《神農架〈黑暗傳〉多種版本彙編》供學人研究，胡崇俊在艱苦搜尋多種文本的基礎上完成的《黑暗傳》整理本於二

○○二年在長江文藝出版社問世（台北市同時印行了它的繁體字版）。海峽兩岸的眾多學人熱心參與評說，先後約有二十多篇文章在報刊發表，見仁見智，毀譽不一。我參與討論的文章就達六七篇。現在，神農架和保康縣的文化部門將《黑暗傳》作為中國非物質文化遺產代表作申報，經專家委員會評審通過，即將列入國家級第三批非遺名錄之中，將得到更好的保護傳承，使筆者深受激勵，便將近三十年未曾間斷的追蹤所得再向學界予以申說。

一、《黑暗傳》的原生態

《黑暗傳》是作為「孝歌」、「喪鼓歌」或「陰歌」（就樂調而言）來演唱的，這在《神農架民間歌謠集》的《後記》中，選編它的胡崇俊就開宗明義地作了說明。

這裡還須特別指出兩點：一是它擁有結構和詞語大同小異的多種文本，其變異性較之其他民間口頭文學作品更為突出。《神農架〈黑暗傳〉多種版本彙編》一書中，選輯了「原始資料」八份，另附錄相關資料八份。二十多年來，在神農架及周邊地區，不斷有《黑暗傳》的抄本發現，僅筆者所見並複印收藏的就將近二十種。以下列出最具代表性的八個文本。

1. 神農架敬老院歌手張忠臣家傳抄本，共一千一百餘行，從盤古開天闢地一直唱到禹土治水定乾坤。與之內容基本相同的還有李樹剛、宋從豹、危德富、土凱等人所藏抄本，《彙編》一書將其列入原始資料之七。詩中關於崑崙山乃天心地膽之所在，盤古巨人乃是崑崙

山的血水流到東海大洋內，聚會天精地靈所結成的胞胎孕育生成；他長成巨人之後又在崑崙山劈分天地，接著到咸池相請孫開、唐末成為日月神照耀乾坤；最後「渾身配與天地形」即全身肢體化為日月五穀草木江河，「毫毛配著草木枝枝秀，血配江河蕩蕩流，江河湖海有根由」。這部分對盤古神話的述說十分新穎精彩，壯麗動人。

2. 清光緒十四年（1888 年）李德樊抄本，計一千一百餘行，以洪水泡天開頭，禹土開河安天下結束，除著重述說盤古開天闢地外，還有釋迦牟尼、鴻鈞老祖、昊天聖母等佛道神聖出場，敘事頗為生動完整。《彙編》將其列為原始資料之五。

3. 秭歸縣熊映橋家傳抄本，從盤古開天闢地一直唱到夏朝結束，其突出特徵是以佛祖派遣弟子去東土開天闢地開頭，也穿插有鴻鈞老祖用三支鐵筆畫出世界萬物等新奇述說。《彙編》將其列為原始資料之四、之六。染有濃重的佛教文化色彩。

4. 宜昌市西陵峽藝人劉定鄉家傳抄本，曾在《新三峽》一九九九年第四期刊出。以二龍相鬥、洪水泡天開頭，禹土治水結束。神奇色彩淡化，而文學性、歷史性明顯增強，是一部結構完整、文句通暢、適於演唱的歌本。

5. 保康縣彭宗衛藏本，是清光緒元年（1875 年）抄，共一一二〇餘行，由先天黑暗，盤古開天闢地，唱至禹土開河安天下建立夏朝為止。中間有昊天聖母打敗黑龍，如來差徒弟混沌到東土劈分天地並相請日月上天，鴻鈞老祖從海中撈起葫蘆，葫蘆中跳出一男一女，在金龜撮合下結為夫妻，生下九人管九州繁衍人類等述說。張春香主要依據這個本子寫成評論文章《文化怪胎〈黑暗傳〉》。

6. 保康縣趙發明、李德揚藏本，共六百餘行。從盤古在崑崙山下劈開天地唱起，接著述說天地人三皇治理世界，伏羲女媧兄妹結婚和黃帝戰勝蚩尤等，直到湯土滅商，天旱斷髮祈雨為止。是一個結構清晰完整，詞語表達順暢，十分適於演唱的歌本。

7. 房縣陳宏斌藏本，計五十八段約七百行，由佛祖點化盤古來東土開闢天地，相請孫開、唐末這一對夫妻上天成日月光照世界唱起，含有天地人三皇、女媧補天、黃帝戰蚩尤、禹土治水等神話傳說。有趣的是，保康縣趙李本唱道「天下黎民又有難，忽然天旱又七年，湯土斷髮告上天，一句話兒未說完，大雨滂沱霎時間」，以後就殘缺了。而房縣陳宏斌藏本也有這一段唱詞，卻接著還有二十段，各段簡述秦漢唐宋直至明代歷史，最後以「崇禎登位不久長，闖土領兵動刀槍，逼死崇禎煤山上，在位十年把命喪。吳三桂手段強，關外去請順治皇，江山共坐三百七十七年春，乾坤一旦歸大清」結束全本。可以看出它們是一個內容相互銜接的唱本。保康和房縣緊相鄰接，歌手同唱一個《黑暗傳》本子，是毫不足怪的事。

8. 清同治七年（1868 年）甘入朝抄本，神農架新華鄉黃承彥收藏，尾部殘缺，現存七百餘行。歌本中以玄黃老祖為創世大神，門下有浪蕩子、玄妙子兩位徒弟，還有玄黃收服混沌怪獸，女媧將天干地支兩個肉球劈開，化出男女配成夫妻，以及將三支鐵筆傳給立隱子畫出天地萬物等內容。構想奇妙，別具一格。《彙編》本將它列為原始資料之三。

作為原生態的《黑暗傳》，其文本與演唱有哪些特徵呢？

第一，在鄂西北、鄂西南的神農架、保康、房縣以及宜昌一帶的

廣大地區，它是作為「孝歌」、「喪鼓歌」或「陰歌」來流傳的。在神農架采錄的一首「歌頭」中就唱道：

當年孔子刪下的書，丟在荒郊野外處，被人撿了去，才傳世上人。董仲先生三尺高，挑擔歌書七尺長，這裡走，那裡行，挑在洞庭湖裡過，漫了歌書幾多文，一陣狂風來吹散，失散多少好歌本。

一本吹到天空去，天空才有牛郎歌；二本吹到海中去，漁翁撿到唱漁歌；三本吹到廟堂去，和尚道士唱神歌；四本落到村巷去，女子唱的是情歌；五本落到田中去，農夫唱的是山歌；六本就是《黑暗傳》，歌師撿來唱孝歌。

這些地區給壽終正寢的老人辦喪事，稱為「紅白喜事」，鄉親們都要圍繞靈柩唱歌跳舞以悼念死者安慰孝家，這樣的跳喪活動要鬧一夜或兩三夜，筆者在二十世紀九〇年代就親身體驗過兩次。歌師輪流敲打鑼鼓領唱，眾人起舞和唱，通宵不寐，十分熱鬧。有一首房縣民歌唱道：

半夜聽到打喪鼓，顧不得穿鞋理衣服，打馬加鞭來趕鼓。翻身上馬往前行，快馬加鞭騰如雲。不覺走不覺行，不覺打到孝家門，勒住馬蹄聽分明，聽見裡面好聲音。

鼓也打得好，鑼也喂得勤，歌也唱得好，字也吐得清，我想上前唱幾句，烏鴉難入鳳凰群。

寥寥數語，將鄉間打喪鼓唱孝歌的熱烈情景和歌師主動趕赴歌場一展歌喉的急切心情抒寫得淋漓盡致。辦這類紅白喜事，所唱的民歌並無嚴格限制，那些平時娛樂逗笑的「葷歌」也是不可缺少的。但因

是悼念逝去的老人，又是通宵持續歌舞「鬧夜」，因此歌唱古人古事的大歌《黑暗傳》便格外受到重視。這樣的大歌古歌，通常都是由資歷高的大歌師來演唱；搶先唱《黑暗傳》，往往被認為是「巴大」的表現，其他歌手不服氣便引起糾葛，由此在神農架一帶便形成了婦女不能輕易上場唱《黑暗傳》的習俗，有一首民歌就這樣唱：「各位歌師都請坐，我忙架火燒茶喝。奴家爹媽囑咐我，你到孝家去唱歌，莫唱《黑暗傳》，雖了挨傢伙。」演唱《黑暗傳》抄本大都以歌師問答形式來結構成篇，這正是其唱本特質的表現。

本文所提到的《黑暗傳》的各種抄本，雖然也可以供人書面閱讀，正如清光緒十四年（1888 年）李德樊抄本《黑暗傳》的結尾處所寫的：「此本傳下常常看，清閒自在有精神。」但它主要是作為歌唱底本來使用的。其中不僅有遠古神話傳說，還有歷朝歷代興亡史，涉及眾多歷史名人，篇幅長達數十個唱段、數百句歌詞，這就要求歌手平時閱讀歌本使之爛熟於心，登場後才能一氣呵成盡情揮灑了。留存至今的二十多個《黑暗傳》本，大多是歌師珍愛的家傳抄本，正是由此而來的。

以演唱《黑暗傳》而知名的歌手，在神農架有史光裕、周正錫、陳切松，保康有萬祖德，趙發明等。由於完整演唱《黑暗傳》全本的機會很少，而抄本借閱或轉抄卻很常見，因此現今人們研究評說《黑暗傳》，只能主要以手抄本為依據。人類非物質文化遺產中的民間文學，通常稱為口頭傳承、口頭文學，而《黑暗傳》這部大歌，卻以口頭演唱和書面傳抄交融的方式傳承至今，而且書面傳抄方式更為廣泛持久，影響更為深遠。這不能不說是《黑暗傳》的一個突出特徵。

《黑暗傳》的另一個原生態特徵是具有豐富變異性。從上文列舉的八個代表性文本即可明顯看出。它們以盤古開天闢地三皇五帝治理乾坤，特別是平息滔天洪水，伏羲女媧兄妹結婚繁衍人類等創世神話傳說為主體情節；既按歷朝歷代順序又採取歌師對答方式來推進述說，這是它們的共通之處。雖然所唱朝代多少不一，但有關混沌黑暗的神話傳說最突出而打動民眾，所以《黑暗傳》的歌名最為響亮。由此眾人也就把它作為主體性的民族歷史「根古歌」來看待了。

　　關於它的變異性，從上述八個代表性文本即可明顯看出。它們有的以西天佛祖為東土創世大神，有的以鴻蒙老祖、玄黃老祖、昊天聖母等道教神聖為創世大神，有的完全按《史記》等古籍記述的三皇五帝歷朝歷代系統來演唱，從開天闢地唱到明清，有的則只敘述遠古歷史，包含著較多的神話傳說。前者完全按流行史書來唱的稱為《大綱鑑》，據有的歌手說它原是由一本《古孝歌史記綱鑑全本》的明代木刻本轉抄而來，在舊時代具有正史的地位。後者被稱為《小綱鑑》，具有野史的特色，它正是民眾所珍愛的《黑暗傳》。在過去，它卻常常受到正統勢力的歧視。胡崇俊曾告訴我們，「民間歌手常常以《大綱鑑》與《小綱鑑》較量，藉以顯示唱《大綱鑑》者的學識。歌手之間常常引起一番舌戰，叫「挖老疙瘩」或「翻田埂」。

　　「喪鼓歌」特別是大歌演唱，歌師在場上均不甘示弱，爭長較短，競爭性十分激烈，如同這首房縣民歌所唱的：「我願陪歌師把歌唱，又怕才學跟不上，五黃六月曬太陽，烤得我來熱難當，管它難當不難當，放開膽子闖一闖，你有你的撒手鐧，我有我的回馬槍，大風吹倒梧桐樹，自有別人論短長。」這種爭長論短主要不是比唱腔，而是比所唱的內容：故事和文詞。這樣，他們便格外珍愛自己所得的那

些內容新奇的文本，作為撒手鐧使用。胡崇俊為搜求一部較完美的《黑暗傳》抄本，在十多年間曾在神農架一帶許多地區艱難跋涉，苦心搜求所見到的本子還是五花八門，各有長短，並沒有一部集大成的《黑暗傳》長詩流行於世，他只好選取幾個本子作拼接式的綜合整理。他深以為憾的這件事，殊不知這正是由這一地方文化生態特徵所造成的。

二、《黑暗傳》文本之源

《黑暗傳》這部關於漢族神話歷史敘事歌本的源頭何在？這一大片地區將演唱民族根古的大歌納入喪葬習俗是從何時開始的？筆者和神農架的胡崇俊在近三十年的合作追蹤研究中，一直想解開這個文化之謎。

一九八四年我將初評《黑暗傳》文章和有關原始資料寄給前中國神話學會主席袁珂先生審閱，他除認定《黑暗傳》可作為「廣義神話史詩」來看待之外，也就它的文本構成推斷說：

我看這當中有古老的風格獨特的民間傳說，也有農村知識分子（三家村學究）根據古籍記載串聯而成的藝術加工，它是二者的結合體。但也極為珍貴，貴在數百年前就有人將神話、傳說、歷史聯為一氣，作了初步的熔鑄整理。

留存至今的這些《黑暗傳》抄本，一直是當地民間歌師演唱「喪鼓歌」的底本，毫無疑義屬於民間口頭文學；而它的大量文詞和整體

架構又確有鄉村知識分子根據古典文獻所作的串聯加工，並非純粹口頭傳承之作。

據胡崇俊調查所得，有些《黑暗傳》本子就是從前明代刊刻的書本轉抄而來，只是這些木刻本原書早已散失，而彼此轉抄的這些歌本，有一些反而歷經磨難留存下來。我在將《黑暗傳》和明代通俗小說的比較研究中，發現宜昌市藝人劉定鄉家傳《黑暗傳》抄本中的一些唱段，為署名鍾惺所撰《盤古至唐虞傳》一書中文句的移植；又《黑暗傳》熊映橋抄本中關於佛祖差遣盤古來到太荒山前用石斧開天闢地以及用「心經咒語」相請日月二神上天的述說，則來自明代周遊所撰《開闢演義》。

這樣的關聯只要將兩種文本的內容和文詞加以仔細比較就可看出。而這種情況又同神農架這一帶明清時期的文化生態特徵密切相關。《神農架民間歌謠集》中載有《四游八傳神仙歌》，用老歌師的口吻唱道：「來到喪前靠裡轉，手拿書本看一看，想唱『四游』並『八傳』。」接著介紹「四游八傳」共十二部敘事大歌的歌名和故事梗概道：

第一傳，《黑暗傳》，盤古開砍無人煙；第二傳，《封神傳》，春秋列國不上算；《雙鳳奇緣》第三傳，說的昭君去和番；第四傳，《火龍傳》，伍子胥領兵過昭關；第五傳，《說唐傳》，秦瓊保駕臨潼山；第六傳，《吃龍傳》，存孝領兵定江山；第七傳，《精忠傳》，大鵬金翅鳥臨了凡；第八傳，《英烈傳》，朱洪武登基往後傳。這八傳數出頭，車轉身來說迴游。

第一游，是《東游》，王母娘娘把行修，張果老騎驢橋上走……

第二游，是《南遊》，觀音老母把行修……

第三游，是《西遊》，唐僧取經多辛苦……

第四游，是《北遊》，祖師老爺把行修……

這篇《四游八傳歌》給我們的研究提供了極有價值的啟示：第一，演唱「四游」、「八傳」這十二部關於古人古事的大歌，是神農架一帶舉辦民間喪禮演唱「喪鼓歌」的流行習俗，而《黑暗傳》則置於首位。在《房縣民歌集》所錄的「歌頭」中，作為歌師開場的告白，就唱道：「閒言不提，淡言不講，提起忠臣孝子，說起有道君王，提起三皇五帝，論起堯舜禹湯，黑黑暗暗開天地，後出無極生太極……」由大歌師出場唱《黑暗傳》，是孝家隆重舉辦喪禮的標誌，一些神農架的老人至今還存留著這樣的記憶，只是這樣的情景如今很難見到，只能聽到它的片斷歌唱了。第二，經筆者仔細考察，這十二部歌本均由明清以來通俗小說改編而來，東西南北《四游》、《英烈傳》、《雙鳳奇緣傳》等，歌本名稱所沿用的就是小說篇名。由此可見它們並非純粹的口頭文學，不但有通俗小說作為基底，而且可以肯定的是有文化人即袁珂先生所稱「三家村學究」參與改編和再創作。

筆者依據這一線索探求《黑暗傳》的源頭，終於發現《黑暗傳》的張忠臣藏本和劉定鄉藏本這兩種同明代周遊的《開闢演義》及署名鐘惺編撰的《盤古至唐虞傳》有著密切關聯，其中關於佛祖差遣盤古來東土開天闢地的重要情節和一些關鍵詞語即來自小說，已是無須置疑的事實。

近日在閱讀新刊學術論著中，讀到一篇關於敦煌文書的研究文

章，即蘇燕的《敦煌寫本〈天地開闢以來帝王紀〉考校研究》，將《黑暗傳》歌本和這篇敦煌寫本相比較，在探尋這件深受海內外學人關注的民間口傳長詩的源頭上，不禁又眼前一亮，似覺在追蹤它的文本之源上向前邁進了一大步。

這部《天地開闢以來帝王紀》不見於傳世文獻，是二十世紀初舉世震撼的敦煌出土文書中的一種，在敦煌文獻中現存四件，分別是 P2652，P4016，P5505，P5785。全文以問答體的散文述說構成，約 2000 字，通俗述說天地開闢以來，直至三皇五帝夏商周的中國歷史。將《黑暗傳》歌本和這個敦煌寫本兩相比較對照，便可發現許多令人驚奇的內在關聯之處。

第一，在整體結構和述說方式上契合一致。寫本篇名為《天地開闢以來帝王紀》，以「昔者天地未分之時」開頭，中間按通行歷史順序，簡述三皇五帝直至夏商周代歷史。共分為二十七個段落，每段均以問答體方式結構成篇。相關研究者認為它「像是一本與《帝王世紀》一類雜史書有傳承關係的，講述天地開闢以來先民史記的通俗小冊子」，或者說，它是「以記述民間神話、傳說為主，又夾雜了一些佛教知識，顯得比較淺顯通俗，具有啟蒙讀物的性質。」試看其中的一段：

問曰：天皇之時，阿誰造作？答曰：天皇十二頭，兄弟十二人，治紀一萬八千年，遂即滅矣。冊日變為火，廿日變為水。已後人法之，十二頭作十二月為一歲，故有大小，此之是也。

《黑暗傳》也是天地未分由盤古出世結束黑暗混沌開始，按三皇五帝歷朝歷代序列唱中國歷史，而且是以對答方式生動活潑地由遠及

近唱來。這裡以保康縣李德揚、趙發明藏本中的一節為例，試作比較：

歌師這話果是真，又把天皇問一聲，不知記得清不清？你問天皇來出世，弟兄共有十三人。天皇出世人煙少，淡淡泊泊過光陰。又無歲數與年月，又無春夏與秋冬，天皇那時來商議，商議弟兄十三人，創出天干定年歲，又立地支十二名。那時方才有年歲，寒來暑往一年春。天皇弟兄一萬八千歲，又有地皇出了身。

敦煌寫本和《黑暗傳》都是按《帝王世紀》序列編成的述說中國古代歷史的通俗啟蒙之作。又以問答方式結構成篇，既簡明通俗，又生動活潑，便於面向大眾，深入人心。但敦煌寫本只敘述到周文王為止，至於《黑暗傳》則演變為兩個系列，一是靠近敦煌寫本的古史系列，如劉定鄉藏本就唱到大禹治水為止：「大舜做了當今主，他見水患黎民苦，吩咐禹土平水土。舉後社會得安寧，四方黎民世界平，天下一統太平春。」二是唱到歌師所在的明、清時期，如清光緒年間李德樊抄本《黑暗傳》的結尾：「道光三十崩了駕，咸豐皇帝把位登，咸豐在位十一載，風調雨順國太平。」有的歌本一朝一朝唱下來可唱到三十幾個朝代，人們把這類歌本稱為「擺朝文」，有其作為中國歷史啟蒙教材的特殊價值。但以古史為主體的歌本，因其含有豐富的民間神話傳說，作為《黑暗傳》的標誌性文本，更具學術研究價值，因而深受學術界關注。

第二，神農氏神話傳說的移植。敦煌寫本中述說最為周詳的是關於炎帝神農氏嚐百草救治人命和興農耕種植五穀的神話傳說，共有兩大段落。

問曰：神農有何聖德？答曰：神農皇帝，牛頭、馬面、人形，手執精零之杖，歷涉七十二山，口嚐百草，遇毒草者死，近好草者生。到上黨牛頭山農石之中，雜樹上得五穀，棗樹上得大小豆，梨樹上得大麥，杏樹上得小麥，桃樹上得稻穀，榆樹上得麻，荊樹上得粟。將來交人佃種，傳世至今不絕。受命八千歲，遂即滅矣。

問曰：神農氏何處人，姓何字誰，有何軌則？答曰：神農姓姜，上黨人，治在冀州，水土天下。爾時人乳食鳥獸，人民轉多，食不可足。神農為人歷涉七十二山，口嚐百草，望得甘美者，與百姓食之。或值毒草者即死，唇口破壞。一日之中，百一死百生，後至上黨牛（一作羊）頭山中神石峪側，遂得嘉禾，一株九得，嘗之甚美，教人種之，甚美茂，遂濟禽狩之命。治經八十年，遂即滅矣。

而炎帝神農氏嚐百草與種植也是《黑暗傳》中最為精彩的唱段。我一直被它的美妙述說所吸引，卻不知所從何來，如今卻在敦煌寫本中找到了它更為古老的記述。試看《黑暗傳》張忠臣藏本中的這一大段：

提起神農一段文，又將神農問先生。神農出在什麼地，又是怎樣教百姓？神農山中嚐百草，七十二毒神怎麼行？哪個山中尋五穀，兒種才有稻麥生？……歌師一一說我聽，我好煨酒待先生。歌師問得真有趣，聽我一一說與你……當時天下瘟疫廣，村村戶戶死無人。神農治病嚐百草，勞心費力進山林。神農嘗草遇毒藥，腹中疼痛不安寧，疾速嘗服解毒藥，識破七十二毒神，要害神農有道君。神農判出眾姓名，三十六計逃了生。七十二種還陽草，神農采回救黎民，毒神逃進深山林。至今良藥平地廣，毒藥平地果然稀。神農嚐百草，瘟疫得太

平，又往七十二名山，來把五穀來找尋。神農上了羊頭山，仔細找，仔細看，找到粟籽有一顆，寄在棗樹上，忙去開荒田，八種才能成粟谷，後人才有小米飯。大梁山中尋稻籽，稻籽藏在草中間，神農寄在柳樹中，忙去開水田，十種才有稻穀收，後人才有大米飯。朱石山，尋小豆，一顆寄在李樹中，一種成小豆，小豆好種出薄田。大豆出在維石山，神農尋來好艱難，一顆寄在桃樹中，五種成大豆，後有豆腐出淮南。大小麥在朱石山，尋得二粒心喜歡，耕種十二次，後人才有麵食餐。武石山，尋芝麻，寄在荊樹中，一種收芝麻，後來炒菜有油鹽。神農初種五穀生，皆因六樹來相伴。

仔細比較，相距千年的兩篇關於神農氏的神話傳說，不但是神農親口嘗服毒藥與良藥以分辨其藥性，以及他從多種野生植物中尋求良種，並寄生在幾種常見樹木上進行培育的情節構想是這樣契合一致，連「七十二」這樣的數學，「羊頭山」這樣的地名，以及可寄生穀物種籽的「桃樹」、「荊樹」等樹木的名字也相同。這就使人不能不認定，這些神話傳說是同出一源了。

由於神農架就是由神農氏搭架採藥而得名，這一帶有關神農氏的神話傳說便格外豐厚，筆者對《黑暗傳》所述神農事蹟，一直認為構成於本地。現在這部從敦煌寫本看來，在以農立國的中華大地上，對神農氏的崇敬而生出的神話傳說具有更久遠的淵源，因而它在敦煌文書中占有突出的重要位置。神農架一帶的民間歌本大唱神農氏的功業，既是地域文化特徵的自然體現，也是對中華農業文明的彰顯，有其重要的文化價值。

第三，《黑暗傳》歌本和敦煌寫本中所述伏羲女媧兄妹結婚故

事，也有明顯對應關係。敦煌寫本中說古時「為遭水災，人民死盡」，伏羲女媧兄妹二人「因龍上天，得存其命」，入崑崙山藏身。這時金崗天神「教言可行陰陽」，而他倆卻自以為羞恥，直到圍繞崑崙神山相背而行，以占卜天意，竟然不期而遇，乃知「天譴和合」，於是結為夫妻，生下一百二十子，各認一姓，繁衍至今。

　　《黑暗傳》幾個歌本也唱到這個著名故事，「洪水滔滔怕煞人，依然黑暗水連天」，在洪水中，有五條龍捧著一個葫蘆在水上漂流，葫蘆裡躲藏著兄妹倆，後來由烏龜（金龜道人）出面勸說他倆，才成為夫妻，生下一個肉蛋，「肉蛋裡面有萬人，此是人苗來出世，才有世人眾百姓。」這一對兄妹就是伏羲女媧：「說起女媧哪一個？她是伏羲妹妹身，洪水泡天結為婚。」伏羲女媧在大洪水後兄妹成婚繁衍子孫後代的故事，在中國古神話中根基更為深固，敦煌寫本和《黑暗傳》歌本對應傳承這一經典神話，正是它們富於民族文化價值的另一重要標誌。

　　從這部敦煌寫本和《黑暗傳》內容乃至細節上的這種關聯，在我們尋求《黑暗傳》的源頭時，能給予我們怎樣的啟示呢？

　　以古房陵今房縣為中心含現今神農架林區這一大片，是歷史上一個著名的流放文化區。學者公認是唐代武則天女皇將其子李顯（唐中宗）流放到房縣之後，才使鄂西北這一帶的社會文明在中原文化的快速催化下得以大步邁進。當地廣泛流行「蒸草鑼鼓」等民歌，那個歌師班子被稱為「唐將班子」，據說就是李顯流放所帶的人馬在此紮根落戶而來的。筆者從調查中得知，一些歌手過去出外打工時，只要見到《黑暗傳》這樣的歌本，寧可不要工錢，也要把它抄來或偷走。宜

昌市西陵峽的藝人劉定鄉父子兩代都是藝人，在幾十年的風風雨雨中，不知散失了多少東西，卻把兩樣東西作為傳家寶珍藏至今，一是家譜，二是《黑暗傳》手抄歌本。由此可以推斷，作為通俗啟蒙讀物而被民間廣泛傳抄的《天地開闢以來帝王紀》被古代流放者帶進神農架一帶的荒僻地區，因伴隨民間喪禮而流行後世以致於今，是完全有可能的。

三、《黑暗傳》的文化價值

　　關於《黑暗傳》文化價值的評說，筆者曾將有關原始資料寄給袁珂先生審閱，我們共同認為，它可以作為「廣義神話史詩」來看待。有關學者認為，中國西南地區歷史上存有一個「神話史詩群」，列入國家級非遺保護名錄的《苗族古歌》、《布洛陀》（壯族）、《遮帕麻和遮咪麻》（阿昌族）、《牡帕密帕》（拉祜族）、《梅葛》（彝族）、《司崗裡》（佤族）等，在中國社科院組織編撰的「中國少數民族文學史叢書」中，都是作為「神話史詩」或「創世史詩」來看待的，《黑暗傳》也產生和流傳在這一地帶，只是它以漢民族古典神話為主體罷了。對「史詩」說的質疑，以鄭樹森先生的文章為代表。他說：「史詩一定要長篇敘事，且主角必為英雄豪傑，出生入死，轉戰沙場。」「《黑暗傳》徒有神話，沒有英雄歷劫征戰，不能稱為史詩，而僅可視作長篇神話故事民歌。」他是按現代文藝學以希臘、印度史詩為範本所確定的史詩定義來評判《黑暗傳》的，我們且不說它只限於英雄史詩，而沒有考慮到中國學人對中國神話史詩或創世史詩的認定，即使就世界範圍的史詩類型而論，芬蘭著名民間文藝學家勞裡‧航柯近

年也提出：「我希望希臘史詩刻板的模式，一種在現實行為裡再也看不到的僵死的傳統，不該繼續統治學者的思想。在非洲和其他許多地區，人們可以在自然語境中去觀察活態史詩傳說。在表演和養育史詩的許多地區，我們還有工作要做。」航柯教授不但多年擔任國際民間敘事文學學會主席，還因他在這一學術領域的權威地位曾為聯合國教科文組織起草關於保護人類非物質文化遺產的有關文件。他關於擺脫古典史詩刻板模式的束縛，著力研究各地活態史詩傳統的真知灼見，值得我們認真汲取和探究。由此，我十分贊同近幾年在評定我國非遺保護名錄時，將這類作品不冠以「神話史詩」或「英雄史詩」的標籤，一律作為民間長詩來看待的明智之舉。

在對《黑暗傳》的評說中，張春香關於《黑暗傳》乃是一個「文化怪胎」的說法值得特別提起。她主要以保康縣彭宗衛藏本和老歌師史光裕唱詞為依據進行評說，最後認定，「《黑暗傳》（彭本）具備神魔小說神魔互鬥，神仙戰勝妖魔，正義戰勝邪惡的基本情節特徵」，「人物關係：儒釋道三教混雜交錯」，「最初成型的文學母本極有可能是史光裕家傳的刻本神魔小說《先天黑暗傳》」，因而它「是在不同文化互動交融過程中孕育的一個奇胎」。在眾多異文中只是以彭本來概括《黑暗傳》的特質與價值，其結論顯然難以令人信服。但該文指出這部長詩是我國多元文化互動交融所孕育生成卻觸及《黑暗傳》的特質。它和明代文人創作的通俗小說有關聯，又具有儒釋道三教信仰教義混融的斑斕色彩，特別是它在鄂西北流放文化、移民文化的背景上，以述說中國神話歷史為線索，將中原文化和荊楚文化因子相融合，由此透出濃重的奇光異彩，說它是一個「文化怪胎」也未嘗不可。甚至可以說它的特別價值，正在於這個「怪」字所蘊含的豐厚而

獨特的文化積澱上。

　　中國傳統文化的構成本來就具有多元互動的特徵。上層菁英文化和下層民間文化並非井水不犯河水，而是雅俗對流，彼此糾結，密不可分。在湖北神農架一帶即古房陵地區，自古以來由於是官家流放犯罪人員和平民避難逃生之地，常有一些逸文秘籍流散於此並滲透到民間口頭文學之中。以關於伏羲女媧兄妹結婚繁衍人類的神話傳說而論，直到二十世紀四〇年代，聞一多撰寫《伏羲考》，才將西南少數民族口頭傳承的伏羲女媧原是以兄妹為夫妻的故事作為「驚人的消息」予以揭示，可是在我於神農架看到的一部清代刊本《婁敬書》（據傳為漢代張良所作）中，對伏羲女媧在須彌山下占卜天意兄妹結婚的故事早有清晰完整的述說，並被吸收進《黑暗傳》等口頭文學之中廣為流傳了。這正好證實了先賢所謂「禮失而求諸野」的卓見。看來在唐以前的中原地區，早就存在著由敦煌寫本《天地開闢以來帝王紀》所代表，以神話傳說為主體構成的對中國古史的民間評說系統，即同正史有所區別的野史系統，《黑暗傳》便是這個野史系統的延續；它在一些僻野地帶被民眾作為民族根古歌傳唱不息，將一些珍貴文化訊息世代相傳。由此來看以所謂「文化怪胎」來貶抑《黑暗傳》就實難令人讚同了。而破解其中所蘊含的中華文化構成演變的謎團，正是有待我輩在學術上自主創新的重要課題之一。

　　在神農架和保康縣於二〇一〇年將《黑暗傳》長詩作為非遺代表作申請列入第三批國家名錄時，專家委員會在評審時認定：它以口頭與書面傳抄兩種方式在民間世代相傳，作為「孝歌」、「喪鼓歌」由眾多歌師演唱，深受民眾喜愛。其內容以盤古開天闢地結束混沌黑暗，諸多文化英雄在原始洪荒時代艱難創世等一系列神話傳說為述說

中心，時空背景廣闊，敘事結構宏大，內容古樸神奇，有力地激發人們對中華歷史文化認同感，是一部難得的民間文學作品。

中國現代民俗學、民間文藝學，作為一類新興的人文學科，由於是在歐美學說的啟迪下建構起來的，其不足之處便是常以國外理論框架削足適履地來詮釋中國文化事相，從而將一些真正具有中華文化特質的對象列入不屑一顧的另類，形成文化誤讀。對《黑暗傳》的評說也許就是值得我們深思探究的一個突出事例。

論《黑暗傳》中的水創世界母題

陳建憲

《黑暗傳》中有許多謎團至今未解。例如其中一個頗為關鍵的母題「水創世界」，就讓人覺得奇怪。神農架是一個山地，洪水的威脅與破壞力遠不如在平原那麼大。按照物質基礎決定上層建築、生產方式和生活條件決定藝術內容這樣一種唯物主義的藝術發生論，神話中對人影響最大的自然力，也應該對應著現實中這種自然力對生活的影響。按照這種邏輯，「水創世界」母題應該起源於平原地帶，而不是神農架山區。

《黑暗傳》中創世過程有先天、後天、泡天、治世四階段。其中除了漢籍中屢有記載的古典神話外，最獨特的部分就是「水創世界」。在先天時期，最初的十六代神，分別叫瀲渌、浦湜、滇汝、江泡、玄真、泥沽、汗水、湜沸、湧泉、泗流、紅雨、清氣、菩提、重汗、浬沤、沂浬、洞沃和江沽。這些神靈中除玄真、菩提分別具有道

教和佛教宗教色彩外，其他的名字都莫名其妙，古籍不見。從這些名字多從「氵」旁看，不大像出自山區，更像來自水鄉，是一個水神家族。江沽尋找荷葉上的露水作為天地根、浪蕩子吞掉創造天地的水珠、玄黃斬浪蕩子而從屍體中流出海洋、從海洋中長出崑崙山，這些情節都明確表達了「水創世界」的觀點。盤古開天後，又出現「三番洪水泡天庭」，「黑水泡天」、「紅水泡天」和「清水泡天」，而且每次的時間都長達一萬八千年之久，使世界多次回覆到混沌狀態，這些情節都在強調水創世界的艱難過程。

以水為基本元素創造世界，當然意味著現世生活中水的重大作用。雖然人類都離不開水，但在不同地理空間，水的重要性與作用方式各有不同。以水作世界的來源，似乎暗示著神農架並非《黑暗傳》的原產地，而是它的保存地。

那麼，「水創世界」母題是否來自其他地方呢？

筆者發現，江漢平原也有《黑暗傳》的蹤跡。如《中國歌謠集成湖北卷·京山縣歌謠分冊》中，就有一首「鑼鼓盤歌調」《浪蕩子吞天》：「上前三步把禮讓，我求師父講端詳。聽人說一混沌事，不知出在哪一方？即到歌場把歌唱。這點小事聽我講。當初有個江沽皇，他是水族一霸王。收下兩個小門徒，其中一個叫浪蕩。這件事兒並不遠，出在崑崙荷花蕩。那時無天又無地，佛皇叫去江沽皇。給他兩滴珍珠水，拿到蕩裡去撫養。其中一個為之天，其中一個為之光。這件事兒關係大，江沽來對徒弟講。浪蕩子和奇妙子，這天無事捉迷藏。剛好來到荷花蕩，荷葉上面閃奇光。浪蕩睜眼四下望，兩滴水珠真叫香。當時他正要喝水，上前一口吞下腸。這下闖了天大禍，惱了師父

江沽皇。親自抓來浪蕩子，屍分五塊丟五方。如今世上五大岳，都是浪蕩屍骨長……」江漢平原是兩條大江作用下形成的，洪水是平原生活的頭等威脅。當地民謠說：「沙湖沔陽洲，十年九不收，有噠一年收，狗子不吃糯米粥。」可以想見，這個地區的生活質量，完全取決於水量是否適度。在這樣的條件下，人們在創世神話中將「水」作為來源，才是符合邏輯的。江漢平原多有荷塘，人們在巨大的蓮葉上隨處可見晶瑩的露珠，這種生活場景成為神話想像的根源是理所當然的。

無獨有偶，在大洪山地區發現的《善歌鑼鼓集》和《湞山祭祀歌》，實際上就是《黑暗傳》的異文。

《善歌鑼鼓集》一九八八年由湖北省群藝館編印。該書代序中說：「《善歌鑼鼓》是祭祀儀式歌，據歌師介紹，舊社會的大型祭祀活動，有嚴格的儀式程序，分念詞、請神、揚歌、止歌、爭令、款架拜香、安神、定韻、唱書、送神、賜福、賀喜共十二個儀程。」呂純良、馮本林合寫的「《善歌鑼鼓》活動調查附記」中說，這種民間祭祀儀式歌主要流傳於大洪山麓的客店、楊集、三陽、河水、三里崗、洪山、清潭等區鎮，又名孝歌鑼鼓、登堂歌、打鑼鼓、賀鑼鼓、合鑼鼓、賀菩薩、還鑼鼓願等，通常用於添丁祝壽、喬遷新居、買田置地、添六畜、生意開張、陞官發財、收徒拜師等喜事，或家宅不和、多病久病、六畜不旺、六禾不豐、家運不順、天災人禍、生意賠本等不吉事，總之，是為祈福避禍而舉行的祭儀。

《善歌鑼鼓》的上古神話內容，主要集中於「爭令」和「定韻」兩個儀程。

「爭令」是選拔掌鼓發令的歌師，由同場演唱者考問令師，看他是否知識淵博夠資格掌鼓。考問的方式是「盤古」，即盤問古事，不夠格的要讓位。「盤古」歌的形式類似神農架「翻田埂」，火藥味很濃。如盤問者唱：「金鼓一響我接令，我與先生談古文，世人都說盤古早，八氏老祖還在先。」令師答：「先生說話把人欺，上台先把八氏提，幸虧我讀萬卷書，差點丟醜無酒吃……」接著令師要唱出八氏之名，分別是：五龍氏、巨靈氏、皇覃氏、有巢氏、燧人氏、史皇氏、祝融氏、女媧氏。盤問者不會輕易放過令師，還要接著問：「你雖接了發令鼓，未必能稱令師傅；要想歌場眾人服，除非講出盤古的父。」令師必須唱出盤古的父親，原來是盤瓠的故事。盤問者步步緊逼：「我今不聽唱盤古，單單要聽唱江沽，如若不知江沽事，切莫冒充令師傅。」令師胸有成竹：「仁兄來反江沽問，這事只有我知情，桅杆上面千條索，任你牽動哪一根。」此後你來我往，直到將江沽出世和吞天、混沌畫蓬萊、蓬萊煉丹生十二祖、無生老母、鴻蒙老祖、日月夫妻、洪水泡天、盤申畫萬物、伏羲兄妹葫蘆避水、蚩尤愉罔爭帝、女媧補天、神農、軒轅、顓頊、崑崙等，直到盤問者滿意，就會一起合唱：「斗大金印任你掌，只管催馬往前闖，若要糧草來將令，搖旗吶喊我幫忙。」

「定韻」是《善歌鑼鼓》的第八個儀程。由於歌手們師承不同，同一情節的故事，所用的歌韻也有差異。在這個儀程中，掌令者會為每段故事的歌詞確定韻腳，其他歌師隨他的韻來唱這段故事。這些故事以遠古神靈為主人公，提到了鴻蒙、滋湶、浦湜、汗清、滇汝、江泡、玄承、利付、乾癸、醍醐、泗由、溶清、訟川、農女、青煙、青炁、洚沸、童犴、夜遊神、黑五、泜沉、洞淪、混沌、齊巧、蓮礬、

玉清、波滇、波陽、覺艖、沸肖、汜泫、眉蒂、澗湧、沸澖、(女呂)(女參)、嫛煙、嬉妲、(女蚩)妍、汜洹、(女卞)孌、娑嫻、曼篘、瑜螈、瀊豨、嫪仙、梟嫣、妊婼、姁嬪、姮、女媧、旱魃等神靈，同時講述了他們的事蹟，如三次養育天地、三次洪水泡天、盤古開天闢地等。

二〇〇〇三年出版的《涓山祭祀歌》，是《善歌鑼鼓》的更完整版本。主編劉大業是個退休文化幹部，他不僅記錄了大洪山一帶鑼鼓祭祀歌的內容，還為相關音樂記譜，附有對這些歌曲傳承歷史與現狀的札記。據他研究，這些流傳於隨州、京山、安陸、鍾祥、宜城和棗陽周邊的鑼鼓祭祀歌，可能出自一本名叫《神仙通鑑》的古書。這部書主要有「西方古祖二十四代」、「東方古祖三十代」、「三次養育天地」、「盤古開天闢地」、「三支神筆和六個月亮」、「五次洪水泡天」等內容。書中提到的五十代古祖，姓名基本涵蓋了《黑暗傳》、《善歌鑼鼓》中提到的神名。該書所記唱詞基本上是七言四句，能演唱這些歌的，都是當地文化較高的人。「根據二十世紀八〇年代走訪、座談的情況來看，登記在冊的鑼鼓先生共一〇三人。文化水平為：清貢生一人，秀才四人，專職私塾先生十五人，唸過私塾，今為民師（相當於高中程度的）三十四人，初中二十一人，其餘均為小學程度。」顯然，這是民間知識分子將古籍中的宗教故事，結合鑼鼓歌習俗而創作的一個神話系列。

比較《黑暗傳》與《善歌鑼鼓》、《涓山祭祀歌》的文本內容，相同之處很明顯：那些生僻的神靈姓名，如滋淚、浦湜、江泡、玄真、汗水（清）、湜沸（醍醐）、菩提、重汗（童犴）、浬泒、浙浬（沉）、江沽、奇妙、浪蕩等等，都一模一樣，不可能是各自單獨發

明的。故事的基幹：多代神祖、養育天地、崑崙聖地、盤古開天、洪水泡天、歷代古皇等等，都基本一致。一些細節，如浪蕩吞荷葉上的水珠（天地根），被殺後屍分五塊，拋入黑水長出崑崙山等，都完全相同。顯然這是同一部作品的不同異文。

有關《黑暗傳》的來源，至今未有定論，劉守華先生已發現它與明代通俗小說有關係，甚至與敦煌寫本《天地開闢以來帝王紀》也存在一定的關聯。但有關《黑暗傳》與《善歌鑼鼓》、《滇山祭祀歌》之間的關係，至今未有人研究。在筆者看來，《黑暗傳》應當是一部整合了多個神話資料源加以連綴後形成的作品，它的作者是由民間文化人、民間宗教人士和傳唱的歌師們，其保存與傳承方式依賴於「打鑼鼓」習俗，並在傳唱中不斷融合入一些新的神話元素。其中，從「水創神話」母題在整個故事中的主幹作用，可以推測出這個母題可能出自水災頻繁的江漢平原。

《黑暗傳》的蒐集與討論還在繼續，這個作品是一條極有價值的線索，通過它，一定會把我們帶到那已經丟失了的神話與歷史的遺址，增進我們對祖先們生活與思想的認識，重現古老神話文化的輝煌！

《黑暗傳》「原始資料」評述

陳人麟

　　《黑暗傳》的木刻本早不見了影蹤，我們當今能見到的僅是民間歌手艱難保存下來的一些手抄本資料，姑且稱之為「原始資料」吧。

　　一九八六年，民研湖北分會曾將胡崇俊蒐集的八個手抄本資料彙編成冊，題為《神農架〈黑暗傳〉多種版本彙編》。這是最重要的一本「原始資料」集，為我們瞭解《黑暗傳》的內容提供了極大的方便。

　　問題是，由於資料多屬零碎的片段，又都嚴重殘缺不全，訛誤也在所難免，因而給閱讀造成了許多困難。經驗告訴我，只要把握了創世歷程，善於將各個故事定位到相應的歷史時期或階段，仍可以大致理出《黑暗傳》的頭緒來。

　　以下便是我對這份「原始資料」內容的初步認識。

（1）《黑暗傳》故事從「黑暗」講起，並因此而得名。

那麼，何謂「黑暗」呢？從資料來看，它當既統稱「先天」時期的宇內景色，又特指「先天」之初的景色特點，還是一位創世始祖的名號。

「先天」之初，宇內是一片「黑暗」，黑暗老祖主宰著一切：

> 提起黑暗一老祖，
> 一無父來二無母，
> 你看怪古不怪古。
> 提起黑暗這根基，
> 那時哪有天和地？
> 那時哪有日月星？
> 人與萬物皆未有，
> 到處都是黑沉沉。

「先天」的顏色在逐漸變淡，「混沌」便比「黑暗」淺了不少：

> 當時有個㳠㵿祖，
> 㳠㵿生浦湜，
> 浦湜就是混沌父，
> 㳠㵿就是混沌母，
> 母子成婚配，
> 生下一圓物，
> 包羅萬象在裡頭，
> 好像雞蛋未孵出。

「玄黃」更比「混沌」色淺，玄黃老祖制服了混沌，造就了天玄地黃，才預示著「黑暗」即將過去，光明即將到來：

> 老祖出了鴻蒙洞，
> 後跟弟子眾門人。
> 老祖帶領眾弟子，
> 遊山觀景往前行。
> 來到崑崙山一座，
> 樓台殿閣好風景。
> 重殿九廳有九井，
> 玉石欄杆兩邊分。
> 鳳閣凌霄真華美，
> 此地景緻愛煞人。
> 玄黃師徒正觀看，
> 一陣狂風掃山林，
> 吹起黑風遮天地，
> 烏雲騰騰怕煞人。
> 老祖滾過風頭去，
> 抓住風尾把話論：
> 謹防惡獸到來臨。
> 一言未曾說完了，
> 跳出一個猛獸禽，
> 張牙舞爪多厲害，
> 上前幾步喝一聲：
> 畜生快來歸順我，

免得吾來費辛勤。
混沌開言來說話，
我有玄妙大神通，
你不知我生何處，
你且站住聽我言。
混沌吟出四句詩，
詩中根由是真情。
吾神本是土中生，
煉此全身無量神，
借山元氣養吾身，
黑暗獨生吾混沌。
玄黃聽得微微笑，
怎比吾神神通大，
有詩一首做證明。
真一生花天未開，
遇得五色寶蓮台，
天下獨一顯奇才。
混沌聽言叫老祖，
任你怎說我不服，
你我口說不為憑，
各顯神通定假真。
混沌黑煙住上升，
一道把鼻吼三下，
黑煙之中現一寶，
身長一丈不差分。

此寶能長又能短，
能粗能細貴寶珍。
此寶名叫混天寶，
金光閃閃怕煞人。
混沌也有兩隻手，
藏在頸項裡面存。
混沌雙手來舒起，
對準老祖下無情，
玄黃轉身來躲過。
忙在耳邊取寶珍。
就把耳朵拍一掌，
放出白光住上升。
此寶名為定天針，
此針只有一丈長，
老祖拿在手中存。
招架混沌鎮天棍，
一神一獸兩相爭。
交鋒幾合無勝敗，
混沌又放寶和珍。
用手朝天指一下，
放出三個惡鳥身：
一個叫做鵁鶄鳥，
紅嘴黑身金眼睛；
二個叫做鵂鶹鳥，
三手六足綠眼睛；

三個叫做鷦鵠鳥，
六目三翅賽大鵬。
玄黃一見取寶珍，
陰陽錦囊祭空中，
收了混沌三件寶，
混沌又放寶和珍。
眼睛朝上翻一下，
大火熊熊空中騰。
滿天火光高萬丈，
要燒玄黃一個人。
玄黃取出一件寶，
雌雄化丹空中騰。
大叫一聲快快變，
變成一鳥空中騰，
此鳥名叫鷗鴉鳥，
口吐大雨如傾盆。
一時大火俱滅了，
混沌一見吃一驚。
搖身變成狐狸獸，
搖頭擺尾要吃人。
混沌頓時來變化，
拔下毫毛八十一根，
變成八十一混沌，
個個拿的鎮天棍，
困住老祖大相爭。

玄黃搖身也變化，
變了一千玄黃身，
個個手中拿兵器，
拿了定天針一根，
困住混沌大交兵。
混沌急駕祥雲去，
大叫玄黃你且聽，
你今若有真手段，
敢到空中定輸贏。
玄黃這時微微笑，
我何曾怕你這畜生。
雙足一跌駕雲去，
兩個空中又相爭。
戰得混沌心煩惱，
身上又取一寶珍。
此寶名為蒙獸寶，
能發狂風怕煞人。
一切惡物並猛獸，
一齊奔來助混沌。
玄黃一見忙不住，
取出葫蘆手中存。
拿著葫蘆一拋去，
惡物猛獸收乾淨。
混沌一見破了寶，
大吼一聲如雷鳴。

口中放出一寶劍，
此劍名叫無形風。
要說此風多厲害，
無影無形又無蹤。
看見人形它追趕，
神仙遇著也遭凶。
先從頂門來吹進，
吹進五臟人無蹤。
玄黃乃是五氣化，
根本不怕無形風。
東風吹來往西走，
南風吹來往北行。
吹得玄黃心煩惱，
便把錦囊來拋起。
收了混沌無形風，
玄黃收了貴寶珍。
大喝一聲叫畜生。
混沌一驚抬頭看，
心想此時難脫身。
一聲響亮驚天地，
混沌趴在地埃塵，
六足伏地不能行。
這時玄黃攏了身，
銀鏈一響來落下，
鎖住混沌二骨樺。

便把混沌叫幾聲，

到底歸順不歸順？

不歸叫你命難存。

混沌兩眼雙流淚，

望著銀鏈啞了聲。

只要你今歸順我，

頭點三下饒性命。

混沌把頭點三下，

俯首帖耳地埃塵。

吾今封你歡兜神，

混沌點頭忙謝恩。

六足站定立起身，

玄黃一下來騎上，

眾徒弟子隨後跟。

　　這一故事不說混沌死了，而說混沌變成了玄黃老祖的坐騎，含義十分深刻，因為它告訴我們，舊事物雖然不甘心滅亡，但最終仍將被新事物所代替。

　　也有說混沌死了的，但遠不如前說具體：

當日有個混沌祖，

天地自然有根古，

內中他還有一物，

名曰泡羅生水土，

土生金，金生水，

水上之浮為天主，

刺鑿其額為倏忽，

三爻五爻是乾象，

飛龍化在羽毛毒，

無天無日無星斗。

（2）「先天」時期，宇宙之內除了黑色逐漸變淡以外，還有兩大重要變化。第一是造出了水土，形成了海洋。

一十六代神人名字都帶水旁，說明他們都與造水有關：

汗清又出世，

淵㵐變滇汝，

混沌從前十六路。

一路出淵㵐，

淵㵐生浦湜，

浦湜生滇汝，

二路生江泡，

三路和玄滇，

四路生泥沽，

五路生汗水，

六路生湜沸，

七路生湧泉，

八路生泗流，

九路生紅雨，

十路生清氣，

十一生浲沸，
十二生重汗，
十三生浬冱，
十四生沶浬，
十五生洞汰，
十六生江沽，
江沽他才造水土。

遺憾的是「江沽他才造水土」句後卻沒有了下文，顯然資料有重大缺漏。胡崇俊又艱辛蒐集了十多年，這一缺漏才得到彌補。

第二是出現了「生天之根」（即地球雛形），並因「浪蕩子吞天」導致了海陸分離、山河成形。

「浪蕩子吞天」的故事十分新穎，資料中有三種說法，可以互為補充。一說是：

……奇妙和浪蕩，
一天游到水上玩，
見一物體放豪光。
他倆來到跟前望，
一匹荷葉無比大，
一顆露珠葉裡蕩。
浪蕩子一甚可愛，
一口吞下腹中藏。
奇妙子忙稟師父，

一下氣惱江沽皇。
露珠原是天生根，
罵聲膽大小孽障。
生天無根怎得了？
一下咬住浪蕩子，
屍分五塊丟海洋。
海洋裡長出崑崙山，
一山長成五龍樣，
五龍口中吐血水，
天精地靈裡頭藏。
陰陽五行才聚化，
盤古懷在地中央。

另一說是：
玄黃門下一徒弟，
黑暗傳上有名的，
姓為子，名義人，
他是玄黃一門生。
玄黃身坐法台上，
喚來他的小徒弟，
為師叫你無別事，
你上崑崙走一程。
崑崙山上有珍寶，
將它拿來交於我，
快去快來莫消停。

義人遵了師父命，
忙往崑崙山上行，
來到崑崙四下尋，
見一寶珠在此存。
彎腰正要下去撿，
忽見前面來一人，
義人只顧將他看，
不顧取得寶和珍。
那個搶了那珍寶，
將它拿在手中心。
義人一見心大怒，
叫聲來的是何人？
怎敢搶我寶和珍，
此人一聽心大怒，
怎麼這等無禮性，
你要問我名和姓，
聽我從頭說分明，
我名就叫浪蕩子，
專到此處取寶珍。
義人當時聽得清，
又把浪蕩叫一聲，
此乃是我師父的寶，
你敢拿去胡亂行？
浪蕩子一聽怒火起，
你若再說三不敢，

我就一口把它吞。
子義一聽怒生嗔，
你不敢，不敢，真不敢，
不敢吞我寶和珍。
三個不敢說完了，
浪蕩子他把天來吞，
子義一見怒火生，
把他拉住不放行。
拉拉扯扯下崑崙，
吵吵鬧鬧不留停，
一起來見玄黃祖，
玄黃老祖開口問。
義人上前來回稟，
口裡連連叫師尊，
弟子奉了師父命，
前去山上取珍寶，
誰知來了浪蕩子，
搶了師父貴寶珍。
弟子與他把理評，
他就拿來一口吞。
玄黃一聽怒氣生，
便把浪蕩罵一聲，
吞了天來咋得成？
當時法台傳下令，
吩咐奇妙子一人，

快把浪蕩拿下去，
把他拿去問斬刑。
義人領了玄黃令，
斬了浪蕩小畜生。
屍分五塊成五行，
從此五方有了名。
左手為東右為西，
左腳南來右腳步北，
東西南北有根痕，
首級又把中央定。

再一說是：
玄黃老祖洞中坐，
不覺心中好煩悶，
老祖叫聲奇妙子，
隨我出洞散精神。
玄黃抬頭來觀看，
山下地眼放光明，
青赤二氣團團轉，
結成圓物囤圖形，
一聲響亮落大地，
落在玄黃山上存。
山上一塊平坦地，
落在滑塘亂滾滾。
圓物亂滾不打緊，

放出豪光怕煞人，
豪光亂擾真古怪，
玄黃仔細看分明，
此是天根來出世，
有詩一首做證明：
天生一物落滑塘，
內藏五鳥接三光，
中藏五山並八卦，
玄黃頭髮分陰陽。
玄黃此時看分明，
忙叫徒弟奇妙身，
你可去到山頂上，
滑塘落下一寶珍，
溜溜滾滾一圓物，
快去撿來莫消停。
奇妙子當時領了令，
來到山頂看分明，
只見一塊大岩石，
當中一條深溪澗，
名為五行滑塘坑，
圓物落在塘中間，
溜溜滾滾不住停。
細看圓物不多大，
不過三尺零五分。
奇妙看了多一會，

正要伸手取寶珍，
空中急忙一聲咕，
天空飛下一個人。
此人身長有五丈，
紅面黑鬚黃眼睛，
四個獠牙顛倒掛，
眉如鋼九眼如釘，
落在滑塘不說話，
伸手就要拿寶珍，
奇妙子一見高聲罵，
休要拿我貴寶珍，
你今為何來取寶，
姓甚名誰何處人？
此人名叫浪蕩子，
他是一氣為化身。
正要伸手來撿寶，
忽聽喊叫著一驚。
浪蕩子連忙抬頭看，
看見奇妙子一人。
浪蕩子開口把話問，
我今問你名和姓，
為何到此搶寶珍？
我今來此是取寶，
看你把我怎麼行？
奇妙子說你撈壞了，

撈壞了叫你一命傾！
浪蕩子說你要惹發我，
一口吞了你寶珍。
奇妙子說你不敢，
浪蕩子開言把話論：
只要你說三不敢！
奇妙一聽氣沖沖，
諒你不敢真不敢，
真的不敢吞寶珍！
奇妙子伸手搶寶珍，
浪蕩子一口肚內吞，
呼嚕一聲來吞下，
嚇壞奇妙子一人。
大叫一聲跳過去，
你好膽大吞我寶，
去見我師說分明。
奇妙子將他來拉住，
拉拉扯扯見師尊。
一氣拉到蓮台下，
方才放了浪蕩身，
奇妙子雙膝來跪下，
連連來把師父稱：
那寶是他來吞了，
只看師父怎施刑？
玄黃一見浪蕩子，

大罵畜生不是人，
為何見我不跪稟，
姓甚名誰說我聽。
浪蕩子在此開言道，
你等在上聽原因，
東海有個道法主，
荷葉老祖是他名，
我是他的一弟子，
特派我來取寶珍。
吾神安得給跪，
惹怒老祖不饒人！
你今若要不屈跪，
好生站住聽吾言，
氣正萬化我為先，
煉好萬化出先天。
黑黑暗暗傳大法，
威威武武出玄黃。
玄黃一遍說完了，
浪蕩子微微笑幾聲：
你說你的威力大，
吾神不信半毫分。
到底把我怎麼辦，
我卻不怕你逞能！
玄黃一聽心大怒，
手挽劍訣制罰人，

劍訣一挽喝聲斬，
半空飛下劍一根。
連把畜生罵幾聲，
快把寶物交還我，
萬事甘休不理論，
浪蕩子一聽心大怒，
就罵玄黃老畜生，
你那寶物我吞了，
看你把我怎施行？
玄黃一聽手一指，
嘩的一聲要斬人，
一口飛劍如風快，
一聲響亮頭落地，
屍分五塊命歸陰。
寶劍斬了浪蕩子，
依然飛上半天雲，
飄飄蕩蕩不落地，
只在老祖頭上巡，
玄黃靈章口中念，
寶劍嗖嗖落在身。
此劍該歸玄黃祖，
來做玄黃一護身。
寶劍斬了浪蕩子，
五塊屍體五下分，
腸中流出那寶珍，

> 那寶在地亂滾滾，
>
> 玄黃一見不消停，
>
> 開口便叫奇妙子，
>
> 此是二氣化紅青。
>
> 它是天地產育精，
>
> 青的三十三天界，
>
> 黃的地獄十八層。

有待討論的是，與浪蕩子搶「生天之根」的只會是一個人，為什麼卻出現了「奇妙子」和「義人」兩個名字呢？我認為應叫「奇妙子」，因為正好同「浪蕩子」相對；叫「義人」實屬牽強，因為《聖經》上才有「義人」一名，指能體現猶太教理想、虔誠信奉耶和華上帝的人，稱玄黃弟子叫「義人」，實在有點不倫不類。

（3）《後天》篇的故事當以盤古為中心展開。資料上的盤古故事，雖然不少見諸史料記載，但更多的卻來自民間傳說，而且說法奇特。將它們串聯起來，實在堪稱一部歌體的《盤古傳》。

它講了盤古的來歷：

> 海洋里長出崑崙山，
>
> 一山長出五龍樣，
>
> 五龍嘴裡吐血水，
>
> 天精地靈裡頭藏，
>
> 陰陽五行才聚化，
>
> 盤古懷在它中央，
>
> 懷了一萬八千載，

世上才有盤古皇。

也有這樣解釋的：

那時有座崑崙山，
天心地膽在中心，
一山長成五龍形，
五個嘴唇往下伸，
五個嘴唇流血水，
一齊流到海洋內，
聚會天精和地靈，
結合胞胎水上存，
長成盤古一個人。

還有這解釋的：

說起盤古有根痕，
當時乾坤未成形，
青赤二氣不分明，
一片黑暗與混沌，
金木水火土，
五行未成形，
乾坤暗暗如雞蛋，
迷迷濛濛幾千層，
不知過了多少年，
二氣相交產萬靈，
金木水火是盤古父，

土是盤古他母親。
　　盤古懷在混沌內，
　　此是天地養育精，
　　混沌裡面是泡濼，
　　泡濼吐青氣，
　　崑崙才形成，
　　天心地膽在中心，
　　不知過了多少春，
　　長成盤古一個人。

它講了盤古出世時的情景：

　　盤古出世雷聲響，
　　一股靈氣透天光，
　　衝開黑暗雲和霧，
　　小小微亮在西方。

還講了盤古是怎麼成為人形的：

　　說盤古，道盤古，
　　多虧鴻鈞一老祖，
　　九十一氣費盡心，
　　五行方位安其身，
　　渾身上下元氣足，
　　崩婆借像才出生。
　　不唱崩婆入混沌，
　　再唱佛祖差鴻鈞，

開言便把鴻鈞叫，
叫聲鴻鈞有原因，
石匣一個交於你，
你往東土走一程。
鴻鈞把石匣接在手，
合掌告別亂世尊，
起身就往東土去，
弱水上面亂紛紛。
鴻毛落水飄不起，
葫蘆落水往下沉，
腳踏木魚來得快，
漂洋過海往東行。
收了木魚打開看，
太荒山在面前存，
我佛當日吩咐我，
打開石匣看分明，
三支鐵筆裡面存。
誰人知得先天事，
鐵筆根由說你聽：
一支鐵筆能安天，
二支鐵筆能安地，
三支鐵筆來拿起，
有詩一首做證明。
三支鐵筆定乾坤，
口中呵氣把筆潤，

連呵九十一口氣，
畫出盤古天地分。
鴻鈞把筆來拿起，
口中吐出青煙氣，
畫出盤古初出世，
太荒山上出人形，
一氣二氣來出世，
三氣四氣出頂門，
五氣六氣畫眉毛，
七氣八氣人形成，
八字娥眉兩邊分，
七孔八竅安排定，
五臟六腑畫得清，
九十畫得四肢出，
十一十二畫眼睛，
而是六七從頭畫，
骨節三百六十零五根，
三十二三又提起，
汗毛十萬八千根，
頂平額角都畫盡，
十指肝肺手連心，
五十一氣停鐵筆，
猶如天上定盤星，
六十二三又提起，
湖海江河又費心，

七十二氣從頭畫，
五湖四海才安頓，
八十四氣用筆點，
五穀禾苗盡生根，
左生毫毛二十九，
合共三十單六根，
兩目猶如太陽像，
頭頂四萬頭髮青，
轉身又畫九十氣，
九十一氣畫完成。

它講了盤古開天地的原因：

盤古昏昏如夢醒，
伸腿伸腰出地心，
睜開眼睛抬頭看，
四面黑暗悶沉沉，
站起身來把腰伸，
一頭碰的腦殼疼，
盤古心中好煩悶，
定要把天地來劈分。

還講了盤古開天地的經過。盤古最初本想憑藉自己的力量分開天地，卻未能如願：

這時盤古四下尋，
天為鍋來地為盆，

青絲嚴縫扣得緊，
用頭頂，頂不開，
用腳蹬，蹬不成，
天無縫來地無門，
看來天地不好分。

盤古藉助了兩件兵器的威力才終於分開了天地：

一座高山來阻路，
盤古開言把話論，
此山像把斧頭形，
拿起不重也不輕，
一把斧子拿在手，
盤古得了貴寶珍，
此乃名叫敲金坎，
開金氣，往東行，
又有一山來擋路，
此山像把鑿子形，
他就拿起笑吟吟。
一斧一鑿往前行，
掄起斧子上下分，
氣之輕清上浮者為天，
氣之重濁下凝者為地，
劈開天地分陰陽，
現出太陰和太陽。

盤古斧子的威力來自它是金星所化的：

盤古奔波一路行，
往東方，東不明，
往北方，看不清，
往南方，霧沉沉，
往西方，有顆星，
盤古摘來星星看，
西方金星來變化，
變一石斧面前存，
盤古一見喜十分，
不像金來不像銀，
也不像鐵匠來打成，
原是西方庚辛金，
金星一點化斧形，
盤古連忙用手拎，
拿在手中重萬斤，
喜在眉頭笑在心，
拿起斧子上崑崙，
盤古來到崑崙山，
舉目抬頭四下觀，
四下茫茫盡黑暗，
看是哪裡連著天，
原來連天是石柱，
不砍石柱難開天，

　　　　手舉斧子上下砍，
　　　　東邊砍，西邊砍，
　　　　南邊砍，北邊砍，
　　　　聲如炸雷冒火星，
　　　　累得盤古出大汗，
　　　　眼看清氣往上升，
　　　　那就成了天，
　　　　濁氣往下墜，
　　　　那就成地元，
　　　　天地空清風雲會，
　　　　陰陽兩合雨淋淋，
　　　　盤古斧石化雷電，
　　　　千秋萬代鎮天庭。

也有說盤古的斧子是佛祖所賜的：

　　　　混沌初開出盤古，
　　　　身長一丈二尺五，
　　　　手執開天闢地斧，
　　　　佛祖差他下山林，
　　　　來到太荒山前存，
　　　　觀音大師到來臨，
　　　　金盤放在地埃塵，
　　　　仙丹一顆裡面存，
　　　　四十九轉化人形，
　　　　點化盤古下山林，

佛祖賜他三十二字文，

⋯⋯

臘子奔索領了令，

一路行程須小心，

五行舉目觀分明，

見一浮石面前存，

能大能小像斧形，

盤古一見喜十分，

不滿功果不回程，

盤古來到高山上嶺，

霧氣騰騰怕煞人，

不見天地怎麼分？

手執開天斧一把，

心驚咒語念分明，

劈開天地上下分。

有講盤古頂天立地的：

盤古身子長一尺，

天便高一丈，

地便厚一層，

始分清濁有陰陽。

（4）盤古不僅分開了天地，還為世界帶來了光明。資料中有不少關於盤古請日月上天庭的故事，只是說法不盡一致。

有的講盤古開天闢地之後，就忙著尋找日神月君，並請他們升上

了天庭：

盤古分了天和地，
天地依然是混沌，
還是天黑地不明。
盤古想的心納悶，
來到東方看分明，
見座高山豪光現，
恿塞阻攔路難行，
盤古用斧來砍破，
一輪紅日現原形，
裡面有個太陽洞，
洞裡有棵扶桑樹，
太陽樹上安其身。
太陽相對有一山，
劈開也有一洞門，
洞中有棵梭欏樹，
樹下住的是太陰。
二神見了盤古面，
連忙上前把禮行，
天地既分海水清，
缺少光明照乾坤，
你今來意我曉得，
要叫我們照乾坤。
盤古聽了心歡喜，

請了請了我相請，
要請二宮上天庭，
太陽太陰兒女多，
從此又有滿天星，
夫妻二神相交和，
陰陽相和雨淋淋。

有的卻講盤古請日月是西天佛祖差遣鴻鈞老祖提前安排的：

西天發下白虎星，
金剛菩薩安左右，
青石板上現原形。
佛祖睜開眼睛看，
又把鴻鈞叫一聲，
日月二宮交與你，
滿天星宿要你分。
起身又往東土去，
漂洋過海往東行，
日月二宮托在手，
不覺來到太荒村，
左手放下太陽星，
轉身又回陰山下，
右手放下太陰星，
月中桂木安停當，
無當相伴是月神，
你在此處且安下，

只等盤古開天現原形。

日月二宮都安了，

又安巡更過天星，

安下天宮九曜星，

二十八宿輪流轉，

紫微星君坐天庭，

南極老人朝北斗，

羅侯計都兩星君，

諸般星斗安停當，

又安牛郎織女星，

天河阻隔兩分離，

周天三百六十五度整。

也有說請日月上天庭的是西天佛祖的弟子皮羅崩婆：

再說皮羅崩婆到，

走上前來稱弟子，

來求師父慈悲心。

萬國九州無日月，

切望開天西方明。

世尊當時開口問，

姓甚名誰說我聽，

皮羅崩婆忙施禮，

崩婆就是我的名，

世尊說給崩婆聽，

日月出在咸池內，

月姓唐來日姓孫，
孫開唐末是他名，
一個男來一個女，
住在咸池海中沉，
忙差地神把他請，
請來日月照乾坤。
地神行到咸池海，
孫開唐末遠來迎，
地神坐下開言道，
來請日月照乾坤，
日月聽得心思想，
恩情難捨兩離分，
回答地神我不去，
轉奏西天佛世尊，
世尊又把崩婆叫，
日月化在手心內，
念動真言隨你行，
崩婆二到咸池海，
就把真言念七遍，
日月赤氣入手心，
日月入了崩婆手，
回到靈山見世尊，
世尊一見心歡喜，
有勞弟子費辛勤，
日月二君交給你，

隨我靈山過幾春

……

你往太荒山中行。

其實，皮羅崩婆與盤古應同屬一人，因為：

盤古後山修行去，
觀音佛祖來商議，
盤古開了天和地，
卻少日月照乾坤，
誰個出去立功勛？
後山又把盤古請，
佛祖開口把話云：
叫聲盤古你是聽，
你今開了天和地，
差你咸池走一程，
相請日月上天庭。
盤古聽了心納悶，
道行淺來根不深，
難請日月上天庭。
盤古無奈往前行，
一路逍遙好歡欣，
紅光滿面好驚人，
霧氣騰騰看不清，
摸到咸池把話論。
說到咸池有根痕，

咸池是個大海洋，
寬有九萬有餘零，
深有萬丈不見底，
裡有日宮和月殿，
住著日月二尊神。
盤古來到把話論，
我今領了佛祖命，
相請二位上天庭，
孫開唐末日月名，
陰陽配合成夫妻，
海中金子配木精，
我們不肯上天庭。
盤古拜別轉回程，
來到蓮台見師尊，
觀音大師把話論，
叫聲臘子你是聽，
你請日月上天庭，
功果可滿轉回程？
盤古回答尊一聲，
叫我咸池枉費心，
日月不肯上天庭。
觀音大師把話論，
咸池再把日月請，
又賜心驚七個字，
還有一件寶和珍，

心驚七字保你身。
盤古一聽心歡喜，
再到咸池走一程，
日神月神尊一聲，
我今領了佛祖令，
再請二神上天庭，
日月不管半毫分，
盤古一見怒生嗔，
心驚七字念分明，
咒曰暗夕姐多拔達羅，
真言咒語念的真，
孫開唐末無計生，
夫妻只得上天庭，
一月夫妻會一面，
普照乾坤世上人。

盤古不僅分開了天地、請出了日月，還垂死化身，創造了世間萬物：

盤古隱匿二不見，
渾身配與天地形，
頭配五嶽巍巍相，
目配日月晃晃明，
毫毛配與草目枝枝秀，
血配江河蕩蕩流，
頭東腳西好驚人，

　　　　　頭是東嶽泰山頂，

　　　　　腳在西嶽華山嶺，

　　　　　肚挺嵩山半天雲，

　　　　　左臂南嶽衡山林，

　　　　　右膀北嶽恆山嶺，

　　　　　三山五嶽才形成。

　　（5）資料中關於盤古神化萬物的內容，與《五運歷年記》的記載基本一致。該文講「首生盤古，垂死化身，氣成風雲，聲為雷霆，左眼為日，右眼為月，四肢五體為四極五嶽，血液為江河，筋脈為地裡，肌肉為田土，髮髭為星辰，皮毛為草木，齒骨為金石，精髓為珠玉，汗流為雨澤，身之諸蟲，因風所感，化為黎氓。」資料裡不見盤古「身之諸蟲，因風所感，化為黎氓」的內容，可能是歌手以為蟲蟲化人說法不雅，有意刪去了，但更可能屬於一個缺漏。

　　盤古應該與人類的初造有關係，因為當時有了天地水土，有了陽光雨露，有了草木禽獸，人類自當應運而生。可資料中涉及人類初造的故事都與盤古無關，這是值得研究的。

　　一個故事講，玄黃老祖用甘露水將浪蕩子五塊屍骨超度為最初的五個人：

　　　　　玄黃開言把話明，

　　　　　吾將葫蘆叫與你，

　　　　　拿到入得池邊去，

　　　　　取水一葫見我身，

　　　　　要知葫蘆玄妙處，

有詩一首做證明：

小小葫蘆三尺高，
玄黃山上長成苗，
裝進五湖四海水，
不滿葫蘆半中腰。
小小葫蘆三寸零，
奇妙子忙將葫蘆拎，
後將葫蘆放水中，
打滿奉於老師尊，
上前觀看浪蕩子，
忙將葫蘆來洗身，
名為甘露水度人。
每塊屍上吹口氣，
死屍借氣化人形，
頃刻五人來跪下，
臉分五色五樣形，
一人身高五丈五，
面如鍋底一般形，
一人身高三丈五，
面如胭脂來染紅，
一人身高有九丈，
面如白霜似銀人，
一人身高有一丈，
面如黃金一樣形。
五人抬頭四下看，

四方黑暗不分明，
一眼看到玄黃祖，
一個葫蘆手中存，
五人上前開口問，
師尊你是什麼人？
拿的一個什麼寶？
萬道金光照眼睛？
玄黃微微來答道：
西天未生吾在先，
曾將玄妙煉真金，
先生吾來後生天，
黑暗未有日月星，
若問老祖名和姓，
玄黃真一我的名。
五人一起跪在前，
一起來把師父稱，
乞望師父收留我，
願拜師父做門人。
老祖說道好好好，
我與你們取下名，
注定金木水火土，
先天五姓五個人。
一人取名知精準，
名曰星辰水德君，
在天為雨又為雲，

在地為水又為冰，
歸在人身為血水，
北方壬癸水為珍；
一人姓孔名明宴，
故名楚地火德君，
在天為日又為閃，
在地為火又為煙，
歸在人身為心火，
南方丙丁火為精；
一人取名人知孫，
故曰攝提青龍星，
在天便為梭欏樹，
在地便為木和林，
歸在人身為肝木，
東方甲乙木中精；
一人取名義長黃，
又名太白長庚星，
在天為雷又為電，
在地為銀又為金；
歸在人身為肺經，
西方庚辛金之精；
一人取名義厚戟，
故名中央匈陳星，
在天為雨又為霧，
在地為土又為塵，

歸在人身為脾胃，
中央戊己土為精。
老祖取名方才了，
五人一起來謝恩，
屍分五塊變人形。

另一個故事講，從女媧身邊的圓物裡走出了男女一共二十二人：

玄黃騎上混沌獸，
看見一個女佳人，
老祖便把仙女問，
一人獨坐為何因？
仙女一聽著一驚，
你可知道吾名字？
玄黃說道早知音。
仙女一聽開言道，
你怎知道未來情？
吾今身邊兩圓物，
看你知情不知情？
玄黃上前仔細看，
圓物兩個分大小，
內裝二十二個人，
一個大的是男子，
弟兄一共十個人，
個兒小的是女子，
姊妹一十二個人。

女媧搖頭說不信，
此話是假還是真？
女媧若還不相信，
待我打開現真身。
玄黃對著肉球念，
唸著靈章咒語文，
兩個肉球溜溜滾，
內包天干和地支，
肉球頃刻來離分，
一聲響亮震耳鳴，
十個男子十二女，
跳出肉球兩離分，
齊在女媧面前走，
個個招手笑吟吟，
玄黃連忙吹口氣，
生出七長八短人，
個個相貌五色樣，
青面獠牙古怪形。
女媧嚇得魂不在，
戰戰兢兢問一聲，
口稱玄黃老師尊，
這是一些什麼人？
玄黃便對女媧講，
此是天干地支神，
該你生他來出世，

後來為君治乾坤。
待給他們取下名，
配合陰陽夫妻成。
玄黃手指十個男，
你們為天干十個人，
按定甲乙和丙丁，
戊己庚辛和壬癸。
玄黃又指十二女，
十二地支是你們，
子丑寅卯辰巳午，
未申酉戌亥名。
天干為男又為陽，
地支為女又為陰，
封你天干為大宓，
地支為母十二人。

也有說立引子最早用泥土造出了人形：

混沌之時無人煙，
只有末葉她為先，
土血土肉土嘴臉。
末葉配為立引子妻，
一日夫妻翻了臉，
末葉對著引子說，
我今不拜你為尊，
引子一聽了怒生嗔，

口罵忘恩負義人，

你本是西北一撮土，

是我捏土成人形

……

（6）《泡天》篇內容自然以洪水故事為主。

《黑暗傳》上的洪水故事與《創世記》大不相同，《創世記》講洪水是上帝為懲罰人類才發下的，資料上未見此說，卻從另外三個方面講述了洪水的起因。

其一，弘儒老祖引發了洪水：

弘儒他把西方坐，

頭頂掛著一葫蘆，

放出洪水泡天地。

子令一萬八千春，

洪水泡天無世界。

資料肯定有缺漏，因為不見弘儒發洪水的原因，更沒有洪水氾濫的經過和結果。

其二，二龍相鬥導致了人間水災：

提起靈山須彌洞，

昊天聖母一段情，

聖母原是金石長，

清水三番成人形，

石人得道稱聖母，
名喚昊天是她身。
聖母坐在須彌洞，
要到靈山走一程，
站在靈山四下望，
洪水滔滔怕煞人，
兩條長龍在爭鬥，
二龍相鬥氣騰騰，
只見空中黑雲現，
黃龍當時逞威武，
抓得黑龍血淋淋，
黑龍當時來聚會，
弟兄五個逞威能，
黃龍一時敗了陣，
直奔靈山洞府門。
聖母觀了多一會，
定天珠在手中存，
便把黑龍來打敗，
七竅流血逃性命，
漫天黑雲不見形，
往西逃走不見了，
這時洪水才平靜。

其三，共工觸倒不周山引起了洪水氾濫：

共工本是一帝君，

貪色無道失民心，
祝融一見怒生嗔，
領兵與他來相爭，
共工大敗走無門。
當時心中氣不過，
兩頭觸崩不周山，
當時倒了擎天柱，
女媧一見怒生嗔。
說起女媧哪一個？
她是伏羲妹妹身，
洪水泡天結為婚。
當時她把天補滿，
要殺共工這惡臣，
共工一見氣不過，
湧起洪水亂乾坤。
女媧一見心大怒，
殺了共工定太平，
百姓一見心大喜，
就尊女媧為上君。
共工撞倒不周山，
上方倒了擎天柱，
下方裂了地與井，
洪水氾濫又混沌。
好個女媧有手段，
忙煉彩石去補天，

斷鰲足，立四極，
地勢得其堅，
聚灰止洪水，
天地復依然。

　　洪水氾濫有過多次，持續時間很長，世界因此又幾度回覆到天地
不分的黑暗混沌狀態：

叫聲歌師聽我談，
洪水泡天有幾番？
自從洪水泡了天，
混沌黑暗誰在先？
清水泡天有幾番？
從頭至尾講根源，
那時才算你為先。
混沌之時你不曉，
莫在鼓上亂打攪，
凡事先要問三老。
聽我從頭說根源，
自從洪水泡了天，
只有麥芽老祖他在先，
洪水泡天有三番，
三五老祖他在先，
清水泡天出古祖，
才有古祖在彌山，
清水泡天有三番，

清濁相連無有天，

《黑暗傳》上仔細觀，

糊裡糊塗摸亂談。

資料也應有缺漏，因為既沒有分別講述「三番洪水、三分天地」的具體情況，也沒有說明「清水」怎麼會泡天。

洪水毀滅了人類，洪水被平息，人類自當「再造」，相關的故事也當歸入這一篇。

資料對人類再造有三種解釋，雖然各不相關，卻可以互為補充。

其一，龍蛋子造人。此說承二龍相爭引發洪水而來。黃龍為謝昊天聖母救助之恩，產下三個龍蛋子，昊天聖母吞食而懷孕，一胎生下三個人：

黃龍落在靈山上，

思念聖母有恩人，

生下三個龍蛋子，

三個龍蛋放光明，

聖母一見心歡喜，

將蛋吞在腹中存，

吃了三個龍蛋子，

腹中有孕在其身，

懷孕不覺三十載，

正月初七降下身，

一胎生下三個人，

聖母一見心歡欣，
長子取名叫定光，
次子后土是他名，
第三取名叫婆娑，
須彌洞中來長成。

此說僅能解釋洪水泡天後又有了三個人，卻不能解釋人類何以繁衍。同時，昊天聖母在許多神話故事中都是對女媧的尊稱，女媧造人屬人類再造，因此這個故事很可能是在流傳過程中走了樣。

其二，立引子造人：

書錄一本今古文，
先有吾神後有天，
聽我從頭說分明。
先天唱起立引子（泥隱子），
後天唱起末葉神，
海鮫它把天來滅，
洪水泡天無有人，
只有先天立引子，
他是先天開闢人，
知道天地已該滅，
蓬萊山上坐其身，
天地俱無少世界，
四座名山霧沉沉，
崑崙蓬萊山二座，

太荒村對泰山林，
四大名山無人住，
只有立引子來遊行，
崑崙山有萬丈高，
二山相對真個好，
兩水相連響潮潮，
化為人形三尺八，
荷葉上面起根苗，
立引子，抬頭看，
忽見水泡成人形，
水泡成人真古怪，
隨時與它取個名，
取名末葉一個人，
又稱無極是它身。
末葉得了名和姓，
就問引子名和姓，
立引子來回言道，
我今一一說你聽：
吾是先天立引子，
故此給你取姓名。
正在說時抬頭看，
陰山流水響沉沉，
一具浮屍水上漂，
生下孩兒人三個，
弘儒、弘浩和鴻鈞，

三人出世亥交子，
天翻地覆子會中，
弘儒他把西方坐，
頭頂掛著一葫蘆，
放出洪水泡天地，
子令一萬八千春，
洪水泡天無世界。
立引子，來動身，
二弟弘浩來出世，
頂上也掛一葫蘆，
葫蘆放出是黑水，
黑水淹地無有人。
第三鴻鈞來出世，
她為人形是女人，
立引子，把媒做，
配合夫妻兩個人，
二人低頭來下拜，
謝了引子做媒人，
立引子，開言道，
口稱末葉你是聽，
今來無天又無地，
先天世界傳你身，
你傳後天世上人。

此說能解釋人類的繁衍問題了，但對弘儒、弘浩、鴻鈞三兄妹的

交代過於簡單，似乎也有缺漏。同時，弘儒既為鴻鈞之兄，且兄妹三人又同時出生在洪水泡天之後，這與弘儒發洪水顯然有矛盾，與水上漂屍也前後矛盾。

其三，葫蘆造人。有講得很簡單的：

> 當日海中有五龍，
> 青黃赤白黑五色形，
> 捧一葫蘆水上行，
> 葫蘆藏著兩兄妹，
> 以後兄妹成了婚，
> 兄妹成婚三十載，
> 生出肉蛋裡面有百人，
> 此是人苗來出世，
> 才有世上眾百姓。

也有講得很具體的：

> 來到蓬萊山腳下，
> 觀看東洋大海門，
> 只見海中紅水現，
> 五龍抱著葫蘆行，
> 五龍聽得老祖叫，
> 棄了葫蘆不見形，
> 鴻鈞當時來收住，
> 帶回洞中看分明，
> 忙將葫蘆來打破，

現出兩個小孩童，
一男一女人兩個，
兄妹二人二八春。
如何生在葫蘆內？
二人如何海中行？
老祖就把二人問，
二人上前講根由：
崑崙山上岩石縫，
忽生一根葫蘆藤，
結了一個大葫蘆，
見了我倆把話明，
叫我鑽進它肚裡，
裡邊又寬地又平，
馬上洪水要泡天，
藏在裡頭保太平。
我倆鑽進葫蘆內，
不知過了多少春，
當時天昏地也暗，
洪水滔滔如雷鳴。
老祖便把男童叫，
我今與你取個名，
取名就叫五龍氏，
如今世上無男女，
怎傳後世眾黎民？
我今與你把媒做，

配合夫妻傳後人。
童女這時把話云，
哥哥與我同娘養，
哪有兄妹結為婚？
老祖這時來勸說，
只因洪水泡天後，
世上沒了女子身，
世上雖有人無數，
卻非父母賦人形，
也有金石為身體，
也有樹木成人像，
也有鳥獸化人形，
只有你們人兩個，
一男一女正相姻，
你們都有肉身體，
有血有肉是真人，
勸你二人成婚事，
生男育女傳後人。
童女一聽忙答話，
請聽我來說原因，
若要兄妹成婚配，
除非金龜把話應。
忽然金龜來說話，
叫聲童女你是聽，
混沌初開有男子，

世上哪有女兒身？
一來不絕洪水後，
二來不絕世上人。
童女一聽怒生嗔，
石頭拿在手中心，
將石就把金龜打，
打成八塊命歸陰。
童男又把金龜湊，
八塊合攏用尿淋，
金龜頓時又活了，
開口又把話來云，
叫聲童女姑娘聽，
生也勸你為夫妻，
死也勸你為婚姻。
童女這時細思量，
難得逃脫這婚姻，
二人成親三十載，
生下男女十個人，
長子取名伏羲氏，
姬仙女紀管中州，
第二取名神農氏，
姬趙女紀管湖州，
第三取名高陽氏，
姬錢女紀管江州，
第四取名祝融氏，

姬孫女紀管海州，

第五取名葛天氏，

姬李女紀管福州，

第六取名人皇氏，

姬周女紀管遼州，

第七取名燧人氏，

姬吳女紀管山州，

第八取名軒轅氏，

姬鄭女紀管鄱州，

第九取名有巢氏，

姬王女紀管雲州。（下缺）

（7）《治世》篇講三皇五帝的故事，資料的內容與史料記載基本
一致。「治世」是由「三皇」奠定基礎的，「三皇」指天皇、地皇和
人皇。關於天皇：

金鼓一住暫消停，

我把歌師尊一聲，

慢慢聽我講根痕。

你問天皇來出世，

弟兄共有十三人，

天皇出世人民少，

淡淡泊泊過光陰。

又無日月和年歲，

又無春夏與秋冬，

天皇那時來商議，

商議兄弟十三人，
創立天干定年歲，
又立地支十二名，
那時方才定年歲，
暑往寒來一年春。

關於地皇：

天皇弟兄一萬八千歲，
又有地皇出了身……
地皇旬日龍門出了世，
一姓共有十一人，
他以太陽把日定，
又以太陰把夜分，
三十日為一月，
十二月為一春，
那時才有年和月，
晝夜才能得分明。

關於人皇：

地皇過後一萬八千歲，
又有人皇來出生……
弟兄一姓有九人，
九人九處治天下，
他在中央管萬民。
九人九處都太平，

選才德，舉聖人，

那時才有君臣分。

駕雲車，觀地象，

東南西北才摸清，

渴有清泉飲，

飢摘樹果吞，

寒有樹葉遮其身。

男女交歡無分別，

只認其母無父尊。

上述表明，所謂三皇時代即為人類的母系氏族社會時代，它是「治世」最初形成的重要標誌。

資料還講，由三皇而至五帝，中間經歷了一個漫長的過渡時期，這一時期共湧現了八十個著名女皇君：

五龍氏，生禽獸，

豺狼虎豹遍地行。

鉅靈氏，開險處，

修起水旱道路平，

造車船，才遠行。

皇覃氏，出鳳凰，

六隻鳳凰一同行，

後分六處傳子孫。

有巢氏，人吃獸，

獸多獸吃人，

架雀巢，蔽雨晴，
百姓專打鳥獸吞。
燧人氏，鑽木來取火，
食物得烹飪。
史皇氏，有倉頡，
看鳥獸，仿腳印，
觀天象，察人形，
造出文字記事物，
萬物各色都取名。
祝融氏，聽鳥音，
作樂歌，神聽和平人氣和，
能引天神和地靈。
女媧氏，她用葫蘆造成笙，
開教化，育子孫，
百姓聽了開智化愚都聰明。

　　「五帝」發展了「三皇」開創的一代原始文明盛世，人類社會由母系氏族向父系氏族轉變是這一發展的重要標誌。伏羲是「五帝」的首君：

金鼓一住又唱起，
歌師又來問伏羲，
聽我從頭說與你，
他是五帝開首君，
說起太昊他母親，
華胥地方坐其身，

華胥地方也不遠，
陝西藍田縣地名。
太昊聖母閒遊走，
見一大人腳跡形，
聖母忽然春意動，
天上彩虹繞其身，
聖母忽然身有孕，
成紀地方生聖君。
成紀地方在何處？
甘肅鞏昌岷州城。

伏羲創造了許多重要功業：

伏羲仁君觀天象，
日月星辰山川形，
才畫八卦成六爻，
六十四卦達神明，
教人來嫁娶，
治起婚姻禮，
女兒嫁與男為妻……
伏羲乃是仁德君，
禮義人倫從他興。
孟河一日祥雲起，
一匹龍馬來出世，
生得滿身有甲鱗，
高有八尺五寸零，

背上又有河圖現，
天降祥瑞吉兆臨。

伏羲首治婚姻禮，標誌著母系氏族已經結束，父系社會開始形成，到神農時代父系社會便完全形成了：

神農皇帝本姓姜，
指水為姓氏，
又名烈山氏，
南方丙丁火德王，
又號炎帝為皇上。
提起神農有根痕，
他是少典親所生，
母親嶠氏女賢能，
安登夫人是她名，
配合少典結為婚，
生下兩個小嬌生，
長子石蓮次神農，
烈山上面長成人。
他今教民耕稼事，
女子採桑蠶吐絲。
當時天下瘟疫廣，
村村戶戶死無人，
神農治病嚐百草，
勞心費力進山林，
神農嘗草遇毒藥，

腹中疼痛不安寧，
疾速嘗服解毒藥，
識破七十二毒神，
毒神要害有道君，
神農判出眾藥名，
三十六計逃了生，
七十二種還陽草，
神農采回救黎民。
毒神逃進深山裡，
至今良藥平地廣，
毒藥平地果然稀。
神農嚐百草，
瘟疫得太平，
又往七十二名山，
去把五穀來找尋。
神農上了羊頭山，
仔細找，仔細看，
找到粟籽有一顆，
寄在棗樹上，
忙去開荒田，
八種才能成粟穀，
後人才有小米飯。
大梁山上尋稻籽，
稻籽藏在草中間，
神農寄在柳樹中，

忙去開水田，
七種才有稻穀收，
後人才有大米飯。
朱石山，尋小豆，
一顆寄在李樹中，
一種成小豆，
小豆好種出薄田。
大豆出在維石山，
神農尋來好艱難，
一顆寄在桃樹中，
五種成大豆，
後有豆腐出淮南。
大小麥在朱石山，
尋得二粒心喜歡，
寄在桃樹中，
耕種十幾次，
後人才有麵食餐。
武石山，尋芝麻，
寄在荊樹中，
一種收芝麻，
後來炒菜有油鹽。
神農初種五穀生，
皆因六樹來相伴。
神農教人興貿易，
物物相換得便宜，

斫木為耒來耕地，
才有農事往後繼。
又有夙沙太欺心，
要反神農有道君，
大臣箕文勸不可，
夙沙大怒殺箕文，
百姓群集心大怒，
要殺夙沙這反臣。
夙沙孤寡不敵眾，
被百姓殺死命歸陰。
神農座位居於陳，
就是河南陳州城，
在位一百四十春，
崩於長沙茶陵城。

　　神農時代發明了中華醫藥、原始農耕和原始交換，神農氏定都城、興教化，深受百姓愛戴，標誌著人類社會步入了更高層次的一代原始文明盛世。

　　繼神農之後的是黃帝軒轅氏：

自從神農皇帝崩，
又有愉罔治乾坤，
只因愉罔多無道，
反臣蚩尤大興兵，
愉罔懼怕蚩尤凶，

悄悄遷都讓反臣，
又有軒轅來出世，
他與蚩尤大交兵。
軒轅原是有德君，
如今河南有定城，
寶附名字是他母，
一日出外荒郊行，
見一虹霓繞北斗，
不覺有孕在其身，
二十四月懷胎滿，
生於開封新鄭城。
景星慶雲仁德君，
四面龍顏天生成。
蚩尤作亂真膽大，
銅頭鐵額興人馬，
要與軒轅爭天下。
上陣就是煙霧起，
層層瘴氣遮天地，
白日猶如黑夜裡，
黃帝兵敗爛如泥。
軒轅戰敗心中悶，
夜得一夢好驚人。
狂風一陣卷沙塵，
夢一猛虎驅羊群，
手執勾竿鉤一張，

醒來心中自思量，
必有高賢在此方，
原是風後和力牧。
訪得風後力牧到，
兩個果然本事強。
軒轅造起指南車，
風後力牧各顯能，
擺下八卦無極陣，
煙霧不得迷大軍。
蚩尤困在陣營中，
東撞西衝難脫身，
涿鹿之野喪殘生。
斬了蚩尤軒轅為皇帝。
軒轅黃帝坐天下，
河洛之中出龍馬，
見得地理無邊涯，
山川草木萬物華。
軒轅本是仁德君，
無數作為定乾坤，
又命大橈造甲子，
又命隸首作算術，
又命伶倫作旨律，
又命車區製衣襟，
軒轅見民多疫症，
又命岐伯作《內經》，

軒轅將崩有龍迎，
他就騎龍上天庭，
在位卻有一百載，
少昊接位管乾坤。

軒轅是人類社會發展史上第一個通過征戰而登上皇位的，在一定意義上講，這是社會進化到新時期的另一個重要標誌。

軒轅之後還有少昊、顓頊、高辛的故事，他們似乎屬於過渡君王，功業多與治鬼相連繫：

少昊本是軒轅子，
黃帝原配嫘祖生。
少昊登位坐天下，
正是身衰鬼弄人，
民間白日出鬼怪，
龍頭金睛怪迷人。
東家也把鬼來講，
西家也把怪來論，
王母娘娘降凡塵，
教化民間收妖精。
這是少昊福分淺，
天降鬼怪害黎民。
少昊駕崩八十四，
葬在兗西阜城。
支陽山上來安葬，

又出顓頊把位登。
顓頊高陽把位登，
多少鬼怪亂乾坤，
顓頊仁君多善念，
齋戒沐浴祭上神，
東村有個小兒鬼，
每日家家要乳吞，
東村人人用棍打，
打得骨碎丟江心，
次日小鬼又來了，
東村人人著一驚，
將它緊緊來捆綁，
捆塊大石丟江心，
次日黑夜又來了，
東村擾亂不太平，
將一大樹挖空了，
就在空樹裡面存，
上用牛皮來蓋緊，
銅釘釘得緊騰騰，
又將酒飯來祭奠，
這時小鬼才安寧。
小鬼有了酒飯吃，
再也不來鬧東村。
西村又出一女鬼，
披頭散髮迷倒人，

西村也挖大空樹，
女鬼空樹躲其身，
忽見一人騎甲馬，
身穿黃衣腰帶弓，
一步要走二十丈，
走路如同在騰雲。
就把西村人來問，
可見披頭女鬼精？
西村人說不知道，
黃衣之人哼一聲，
你們不必來瞞我，
她乃是個女妖精，
她有同夥無其數，
八十餘萬鬧西村。
顓頊仁君多善念，
又奉王母聖命行，
捉拿女鬼歸天界，
西村才得樂太平。
西村聽說忙回稟，
空樹之中藏其身。
黃衣之人忙起身，
空樹之中捉妖精，
一見女鬼騰空起，
黃衣人也升空中，
前後不到一時辰，

鮮血如雨落紅塵。
從此挖樹做大鼓，
穿著黃衣祛鬼神。
這裡順便說一句，
顓頊之時有天梯，
神仙能從天梯下，
人能順梯上天庭。
人神雜亂鬼出世，
鬧得天下不太平。
顓頊砍斷上天梯，
從此天下得安寧。
顓頊在位七十八，
葬於卜陽東昌城。
顓頊高陽崩了駕，
帝嚳高辛把位登，
高辛有只五色犬，
常跟高辛不離身，
可恨房王做反臣，
要反高辛有道君，
高辛當時許下願，
有人斬得房王首，
賜他黃金與美人。
五色犬見房王面，
房王一見心喜歡，
高辛王犬歸順我，

我的江山坐得成。
當時急忙擺宴席，
賜予王犬好食品，
五色犬見房王睡，
咬下首級見高辛。
高辛一見心歡喜，
重賜肉包與它吞，
王犬一見佯不睬，
臥睡一日不起身。
莫非王犬要封贈？
會稽王侯封與你，
又賜美女一個人。
王犬忙把恩來謝，
領了美女只交情，
後生五男並六女，
人身犬面尾後形，
後來子孫都繁盛，
就是狗頭國的根。
高辛建都名子台，
如今河南偃師城，
高辛娶得陳氏女，
名曰慶都是她身，
慶都年近二十歲，
一日黃龍來附身，
身懷有孕十四月，

丹陵之下生堯君。

高辛又娶諏訾女，

名曰常儀是她身，

諏訾常儀生一子，

子摯乃是他的名，

元妃姜嫄生稷子，

次妃簡狄生契身，

高辛在位七十載，

頓丘山上葬其身，

至今大明清平縣，

還有遺跡看得清，

子摯接位無道君，

九年卻被奸臣廢，

子立堯帝為仁君。

少昊是黃帝元配夫人嫘祖所生，高辛既娶陳氏女，又娶諏訾女，
可見一夫多妻現像這時已出現。少昊繼承軒轅王位，子摯繼承高辛王
位，可見家傳天下並非始自大禹。

堯舜將原始文明推向了最高峰：

堯帝本是聖明君，

天降災難於黎民，

十日並出有難星，

禾苗燒得枯焦死，

百姓地穴藏其身，

忽然又是狂風起，
民間屋宇倒乾淨，
又有大獸大蛇大豬三個怪，
它們到處亂吃人。
堯帝一見使羿治，
羿的弓箭如天神，
羿就當時尋風伯，
他與風伯大戰爭，
風伯被他射慌了，
急忙收風得太平。
十個日頭真可恨，
羿又取箭手中舉，
一箭射去一個日，
九箭九日落地坪，
原是烏鴉三足鳥，
九箭九日不見形。
還有一日羿又射，
空中響如洪鐘聲，
此是日光天子來說話，
有勞大臣除妖精，
當年黑暗混沌我出世，
就有許多妖魔與我爭，
九個妖魔今除盡，
從此民安樂太平。
羿就當時來跪拜，

拜謝日光太陽君。
九個日妖都除盡，
堯帝賞了大功臣。
堯帝在位七十二，
帝子丹朱不肖名，
堯帝讓位許由坐，
許由躲於箕山陰，
又叫子交接父任，
他又推病在其身。
當時群臣來商議，
才薦大舜治乾坤。
大舜勤耕於厲山，
雷澤地方做漁人，
時常牧羊演河地，
又陶瓦器在河濱。
當時堯帝有詔到，
舜帝急忙見堯君，
堯君就問天下事，
對答如流勝於君。
堯帝一聽心大喜，
二女與他做妻身，
大者名曰娥皇女，
二者名喚是女英，
又將牛羊倉廩付，
又將百官九男賜他身。

舜帝回家見父母，
繼母越發起妒心，
象弟當時生一計，
悄悄說與瞽叟聽，
父親叫舜上倉廩，
象弟放火黑良心，
大舜看見一斗笠，
拿起當翅飛出廩。
大舜並未受損傷，
象弟一計未使成，
又生一計與父親，
叫舜古井去淘水，
上用石頭丟井中。
說起他家那口井，
卻是狐精一後門，
九尾狐狸早知道，
象弟要害大舜君，
吩咐小狐忙伺候，
接住大舜出前門，
九尾狐狸來引路，
指條大路往前行。
父母二人和象弟，
俱在古井把地平，
大舜走至臥房內，
彈起琴絃散散心，

忽聽舜房琴聲響，
走近一看掉了魂，
瞽叟見舜害不死，
舜子果然有帝分，
害他念頭從此止。
堯帝讓位於大舜，
當時黃龍負河圖，
越常國現千年龜，
朝中一日有祥瑞，
八元八愷事堯君。
堯為天子號有虞，
不記象仇封有神，
舜放共工於幽州，
放歡兜，於崇山，
殺三苗，於三危，
歡鮮於羽山，
後來才生禹。
舜帝在位九十年，
龍歸大海升了天。

　　堯不僅讓位於舜，還賜舜牛羊倉廩，可見私有制已經產生，原始
公社已經解體，至大禹時代，奴隸社會便基本形成了：

舜帝過後大禹出，
夏侯禹王號文明，
受舜天下管萬民，

國號有夏治乾坤。
他的父親名叫鯀，
以土淹水事不成，
天上盜息壤，
上帝發雷霆，
斬於羽山屍不爛，
後生大禹一個人。
禹王治水多辛勤，
疏九河來鑄九鼎，
從此九州才有名。
三過其門而不入，
決汝漢，排淮泗，
瀹齊洛河都疏通，
引得眾水歸海中，
十三年來得成功，
天下無水不朝東。
禹王告命塗山上，
塗山氏女化石像，
行至茂州遇大江，
黃龍負圖來朝王，
大禹仰面告上天，
黃龍叩見即回還，
渡過黃河到塗山，
天下諸侯都朝見，
黎民都樂太平年。

禹王為君真賢能，
治水千秋定乾坤，
他一飯食其身，
慰勞民間情，
外出見罪人，
下車問原因，
兩眼淚淋淋。
左規矩，右準繩，
不失尺寸於百姓。
禹王在位二十七，
南巡諸侯至會稽，
一日隕落歸天去，
至今江山留勝蹟。

摘自《神農文薈》創刊號

《黑暗傳》來自喪鼓歌場

陳人麟

　　二十世紀八〇年代初，國家文化部門組織蒐集民間文學三大集成，湖北省神農架林區文化館幹部胡崇俊和他的同事們在本地蒐集民間歌謠，先後蒐集到幾本同名手抄歌本，書名叫做《黑暗傳》。胡崇俊認為它是一篇「長篇神話故事歌」，民研湖北分會會長、華中師範大學劉守華教授認為它是一部「漢民族的長篇神話史詩」，著名神話學家袁珂老前輩也肯定其是「極可珍貴的資料」，可視為漢民族「廣義的神話史詩」。一九八四年九月，《湖北日報》頭版刊登了《神農架發現漢族首部創世史詩》的消息，《黑暗傳》因此而聲名大震，日益受到高度重視和廣泛關注。

　　《黑暗傳》究竟唱了些什麼、又是怎麼唱的呢？它作於何時、作者又是誰呢？讓我們從神農架民間的一種歷史悠久、保存至今的風俗——「打喪鼓」說起吧！

（1）神農架民間世代都特別重視辦喪事，但凡有人過世，無論亡者是男是女、是老是少，也無論家庭是貧是富、是貴是賤，孝家都一定要辦喪事。喪事被稱為「白喜」，看得比「紅喜」（娶親）還重要，素有「婚事可以不辦，喪事不可怠慢」之說。這是秦巴山脈東端古文化圈裡一個重要的民俗特徵。

喪事活動主要在夜晚進行，講究的是人越多越好，場面越熱鬧孝家越體面。可是山高氣寒，怎麼才能吸引人、留住人呢？最好的辦法便是開歌場、「鬧夜」。這種歌場鄖縣叫「打待屍」，武當山叫「唱陰歌」，土家族叫「跳喪」，神農架則叫「打喪鼓」或「夜鑼鼓」。

神農架「打喪鼓」是不愁沒有聽眾的。因為喪鼓歌場是這兒最重要的學堂和娛樂場。我們常見到這樣的場面：天將黃昏，人們從四面八方奔向一處，毫不在意翻山越嶺，更無人理會雨雪交加，問他們何事如此急切，回答卻是「×家老了人」。還曾為這樣的場面所感動：孝堂內坐滿了男女老少，人們一心聽歌，冷了就向火堆邊攏攏身，餓了就烤兩個洋芋吃，困了就喝碗開水提提神，一夜熬到亮，很少有人離開。究其原因當有兩大方面：一方面是山大人稀，大家彼此相識，還多有親戚關係，因而一家有喪事，大家都會來弔唁，這屬於人情世故，是山民們質樸性格的反映。另一方面則是為了「趕歌場」，聽歌、學歌。這後一方面更為重要，因為山裡沒有學堂，歌場能長見識；文化生活匱乏，歌場能夠娛樂。能為此佐證的是，不少人大字認不得幾個，但講起古來卻能歷數歷代君王，而且條條是道，他們說，這些都是從歌場學來的。

神農架「打喪鼓」也不愁沒有歌手。大山裡的歌手是受人尊重

的，高明者被稱為「歌師」或「歌秀才」。他們毫無架子，只要聽到喪鼓響，便會自動湧向歌場；他們不在乎孝家請不請、關係親與疏，只求能一展歌喉；他們從不計較報酬，因為孝家一般只給上一壺茶、裝幾袋煙，多則管頓夜飯。一個歌場總會有十幾位、幾十位歌手齊聚一堂，大家爭相登場，各顯其能，氣氛越來越熱烈，聽眾越聽越起勁。究其原因，主要在於歌手們的自我表現慾望特別強烈，這樣一首歌便說的很明白：半夜聽見鑼鼓響，倒靸鞋子披衣裳，急急忙忙奔孝堂。腰包裡沒統半文錢，放不起一掛眯眯鞭，只將歌本揣身上，歌場會會眾歌郎，學唱幾句湊熱鬧，相陪亡者到天光。

（2）神農架「打喪鼓」，有一套完整的程序或規矩。

喪鼓歌場必須在亡人辭世的當天夜晚開場，一直要打到出殯前，至少打一夜，多則三五夜甚至更多。每場喪鼓都必經三大程序：首先要「開歌場」或「開歌頭」。這既是歌場的序曲，又是一種喪葬禮儀，由於宗教色彩很濃，歌詞內容和演唱形式比較固定，所以得由兩名資深歌手演唱。歌手從大門外慢慢唱到靈堂內，孝子沿途引路，每進一道門、上一步坎，都得向歌手磕個頭。「開歌場」完畢，即進入「唱喪歌」。此時，歌手們才可以自由登場，但一次上場的一般只有三人，即歌手、鼓手、鑼手各一；也可以是兩人，因為唱歌人可以兼打鼓或鑼。歌手們按逆時針方向圍著棺材慢慢轉，邊走邊敲邊唱。歌的內容十分廣泛，曲調也時有變化，你唱罷了我接腔，一直唱到黎明前。出殯前要唱「大還陽」或「還陽」，它是喪葬禮儀的最後一道程序，也得由兩名資深歌手完成。與「開歌場」不同的是，歌手得由靈堂內慢慢唱到大門外，演唱完畢，即「鼓槌一丟，千年不收；鑼錘一摺，千年不要」，宣告打喪鼓結束。

「唱喪歌」必須根據時段的特點選擇適當的內容。每夜大致分為四大時段，分別以「贊、嘆、扯、玩」為主題或中心。所謂「贊」，即為亡人和孝家唱讚歌，這當然是喪鼓歌場的第一需要。譬如：「人活百歲要孝敬，孝男孝女敬孝義，孝心感動天和地。亡者在世有名望，死了也有好風光，請來歌師把歌唱，請來先生做道場，請來陰陽看墳場，請來和尚念金剛，三日葬在臥龍崗，兒孫後代都發旺。」所謂「嘆」，即由亡人引發出的感嘆，往往是感嘆人生苦短，同時奉勸世人為善，譬如：「歌師在唱我在想，想起人生在世上，榮華富貴不久長。守得榮華人已老，制得衣衫秋風涼，正好清閒把福享，大限一到見閻王，見過多少英雄將，見過多少少年亡，黃泉路上無老少，金銀難買不老方，我勸世人仔細想，名利場上莫逞強。」夜越來越深了，人越來越困了，於是便轉入了「扯」。所謂「扯」，意即天上地下、人神鬼妖任意唱，只要有趣味能吸引聽眾就行。這是歌手們大顯身手的好時機，精彩的內容多集中於此。黎明前天最黑、氣最寒、人也最難熬，需要歌手們來點帶刺激的，於是又轉入了「玩」。所謂「玩」，主要指歌手間相互開玩笑。好的玩笑最能調動聽眾情緒，我便親見過這樣的情景：一位外號「狼包子」的歌手唱了一段《怕老婆》，在場人都知道暗射的是誰；被說者回了一首《連字歌》，「天連地，地連天，海連石頭樹連山……挑擔子的連扁擔，拿花針的連衣線，秤砣連的是秤桿，管賬先生連算盤。紂王戀的蘇妲己，呂布戀的是貂蟬，唐明皇戀的楊玉環，吳三桂戀的陳圓圓。今有農夫把豬趕，問他要向哪方連，回說母豬戀的狼包子，正要找個來連連。」歌聲一聽，全場便掌聲雷動，「狼包子」也笑得合不攏嘴。

　　（3）有學者推斷，「打喪鼓」的風俗興起於春秋戰國時代，是由

莊子死妻「鼓盆而歌」演變而來的。我認為就其雛形而言，歷史更為悠久，可以追溯到原始時代。

何謂風俗呢？《漢書‧地理志》云：「凡民稟五常之性，而有剛柔緩急音聲不同，是水土之風氣，故謂之風；好惡取捨動靜無常，隨君上之情慾，故謂之俗。」孔穎達疏曰：「由自然條件不同而形成的習尚叫風，由社會環境不同而形成的習尚叫俗。」因此，考察「打喪鼓」風俗的由來，必須連繫神農架的自然條件和社會環境的特徵。

神農架地處秦巴山脈東端的長江與漢水之間，境內群峰競立，溝壑縱橫；樹林密布，一片洪荒；交通阻塞，隔絕人世。現代考古成果業已證明，早在舊石器時代，神農架便是原始人類的一塊樂土。

原始人類有一種傳統習俗叫做「臘戲」（或「蠟戲」），是指每當歲末，人們都要聚集在一塊，載歌載舞，歡慶豐收，拜謝神祖。神農時代，「臘戲」之風便很盛行，《路史》中是這樣記載的：炎帝神農氏「蓋百種，率萬民，臘戲於國中，以報其歲之成」。神農架乃神農氏遍嘗百草之重地，自然會深受其影響。「打喪鼓」也是載歌載舞，也是為了祭祀神祖，這些都與「臘戲」相似。與「臘戲」的不同主要在於，它是為祭祀亡靈而歌的，是民間行孝的一種重要形式，這顯然是後世深受了儒家思想的影響。因為儒家思想是幾千年封建社會的正統思想，講孝道是儒家思想的一個重要內容。

「打喪鼓」僅以鑼鼓伴奏，這是其原始性的又一重要表現方面。究其由來，當與神農架先民的生產生活和思想觀念密切相關。

神農架是楚人祖先高陽氏的封地。民間傳說高陽時代一直鬧鬼，

高陽帝費盡心血才把鬼治住。他的方法是教人們把大樹挖空，把捉到的鬼關在裡面，並用牛皮緊緊封住。這便是鼓的來歷。神農架還曾是古代巴人的居住地，巴人善獵，「趕仗」（圍獵）必敲鑼。民間圍獵一直沿襲著這種原始方式，至今還常用敲鑼來守護莊稼。「喪鼓」是為死人而打的，人死即變成了鬼，因此，「打喪鼓」應含有「治鬼」的意義。「喪鼓」是夜間打的，鼓聲加鑼聲，既增強了歌場氣氛，又能驅百獸、鎮百邪。

（4）神農架的喪鼓歌場還有一個顯著特點——歌手們多以歌場為戰場，歌場氣氛因「比武」而濃烈。

歌手比武主要從三方面進行：

其一，比編歌。喪鼓歌歷來以「亂盤頭」（即歌手隨口將一些並不相干的人或事組合而成的歌）為主，歌手為了顯示才華、贏得聽眾，無不在編歌方面下功夫。「亂盤頭」難免「東拼西湊」、「東扯西拉」，要編得有滋有味、合轍押韻實非容易。「歌秀才」們都熟悉古代小說、典故故事和人情世故，都具有即興而唱、取材恰當、出口成章的才能。上面提到的《連字歌》就是一首不錯的「亂盤頭」，再舉一首《讚歌師》，是一位歌手在踏進孝堂門時唱的：「走進門來抬頭望，各路歌師聚一堂，都是前朝忠良將。上面坐的是姜尚，渭水釣魚扶周王；下面坐的是張良，火燒棧道扶劉邦；左邊坐的諸葛亮，神機妙算保漢皇；右邊坐的包丞相，輔佐仁宗掌朝綱；東邊坐的徐茂公，陰陽八卦扶唐王；西邊坐的太平郎，一付雙鐧鎮瓦崗；南邊坐的岳家將，牛頭山上保康王；北邊坐的吳學究，水滸梁山保宋江。」初看起來，它純粹是恭維眾歌手的，細想起來卻不然，因為如此多的「忠臣

良將」齊聚一堂，孝家地位絕非一般可比；自己能躋身其中，當然也非尋常之輩。

其二，比唱「書」。所謂「書」，即歌本，亦即那些被用文字固定下來了的歌。由於「書」中的人物故事不允許亂編，更不允許出錯，所以歌手們也常以唱「書」來顯示高明。喪鼓歌的「書」不少，短篇有《孟姜女》、《安安討米》等，中篇有《呂蒙正討飯》、《山伯訪友》等，長篇有「四游」、「八傳」等。「四游」即《東遊記》唱王母娘娘修行，《西遊記》唱唐僧師徒取經，《南遊記》唱觀音菩薩修行，《北遊記》唱真武大帝修行；「八傳」即《神農架傳》唱始祖業績[1]，《封神傳》唱姜子牙封神，《雙鳳奇緣傳》唱王昭君和番，《火龍傳》唱伍子胥闖關，《說唐傳》唱李世民立國，《飛龍傳》唱李存孝領兵，《精忠傳》唱岳元帥抗金，《英烈傳》唱朱洪武登基。中、長篇的「書」主要在「扯」、「玩」兩個時段演唱，我曾現場聽兩位歌手合唱過《西遊記》，你一段，我一段，整整唱了兩個多小時。此時已夜半三更，場上卻無人打瞌睡，我也像在看電影和聽評書一樣，感到一種莫大的享受。我更佩服歌手們的記憶力，因為他們多為文盲或半文盲，「書」的內容全是靠平時聽來的、記下的。

其三，比講古。歌手唱歌，無論是「亂盤頭」還是唱「書」，都是首首不離古、句句不離古。這是因為人們最愛聽歷史故事，並普遍認為歷史才是最重要的知識，歌手們自然以能講古、會講古作為比試高低的重要方面。以古喻今、借古諷今是常用的方法，譬如《連字

---

1 有首歌說《黑暗傳》是八傳之首，筆者以為是《神農傳》之誤，因為其他歌都是圍繞一個人物展開情節的，《黑暗傳》則不同。

歌》、《讚歌師》；講古人故事、說離奇傳聞是自我顯示的又一方法，譬如爭唱「四游」、「八傳」。我要特別指出的是，神農架喪鼓歌場絕不可少了史歌，歷史在歌場一直被延續到當今。系統講述歷史的歌主要是三部，歌手間的比試也常圍繞這三部史歌的內容進行。第一部是《黑暗傳》，從黑暗混沌唱到三皇五帝，講的是史前史；第二部是《綱鑑》，從三皇五帝唱到清朝滅亡，講的是古代史；第三部是《續綱鑑》，從辛亥革命始直唱到當今，講的是現代史。比試的方法主要有二：一為「暗比」，即不露聲色的比試。譬如聽到前一位歌手唱民國故事，接唱者必唱清朝人物，顯示自己的學識更為淵博。二為「明比」，即相互盤問，追根求底。這既是一種重要的比武形式，又是一種展開情節、連繫故事的重要手段。譬如，一位歌手提到了秦始皇，另一位歌手常如此發問：「秦始皇他生何方？誰是他爹誰是娘？出世時候啥景象？有請歌師講周詳，在下把酒滿斟上。」也有這樣發問的：「秦始皇咋把六國亡？咋方登基做皇上？用了何人掌朝綱？……」也有問題提得很刁鑽的，譬如：「歌師唱歌莫消停，再把盤古問一聲，請教歌場老先生。盤古分開天和地，又有何人來出生？盤古還是歸天界？還是人間了終身？」「歌師提起混沌祖，我將混沌問根古，混沌之時啥沒有。誰是混沌父？誰是混沌母？混沌出世啥時候？還有什麼在裡頭？歌師對我講清楚，我拜歌師為師傅。」……

（5）歌場比武，終於比出了一部奇歌——《黑暗傳》。

人們普遍認為歷史始於盤古時代，因此才有「自從盤古開天地，三皇五帝到如今」的口頭禪廣為流傳。可在神農架的喪鼓歌場上，喜歡刨根問底的歌手卻又這樣問道：「歌師你請慢消停，我把盤古問一聲，請問盤古是何人？盤古怎麼出的世？出世又是啥情形？為了什麼

分天地，怎麼才把天地分？……」有問必有答，答後反發問，問題一個更比一個刁，故事一個更比一個奇，歷史一步步往前提，一直追溯到了黑暗混沌，於是才形成了《黑暗傳》。

《黑暗傳》講的是宇宙演變、人類社會起源的故事，喪鼓歌場演唱這些內容並不奇怪，因為偉大詩人屈原的《天問》詩便提出了相關問題，屈原出生於神農架南麓，說明這類問題最遲在春秋時代，當地民間便有流傳。

讓我們將《天問》的問題摘錄幾個吧：

那太古元初之事，有誰能傳道解釋？

如果那時天地尚未形成，又有什麼根據去作考論？

那時晝夜還未分只是一片混沌，又是誰做何劃分？

那時只有元氣無形，如何能做辨識？

日日夜夜循環周替，究竟是什麼緣故？

陰陽摻雜混合，誰是本原又因何變化？

那九層的天宇，是誰度量設計？

如此之宏大的工程，是誰發起創造？

那旋轉的天宇的中心在何處？

那撐天的大梁又架在哪裡？

那八根天柱如何支撐？

那天蓋在東南為何缺損？

那九天的交界處是怎樣交錯又如何連接？

群星遍布於所有的角落，誰能計算出它們的總數？

九重天宇是如何重複？

十二星次又如何劃分？

日月是如何懸掛？

群星是怎樣設陳？

太陽出自溫泉之谷，夜晚沉入黑水之淵，

它從亮到黑要跑過多少里路程？[2]……

（6）有問必有答。古代人們當然不可能對其做出科學的解釋，只能憑藉想像、編造神話，《黑暗傳》正是這類神話的集大成。

據老歌手回憶，《黑暗傳》自宇宙的黑暗時期唱起，直唱到大禹治水為止，包括《先天》、《後天》、《泡天》和《治世》四大篇，其主要內容如下表：

2　譯文引自《宇宙的起源》，何新著，時事出版社。

歷史階段	創世始祖	主要功業
先　天	黑暗老祖 混沌老祖 玄黃老祖	宇內黑色由深變淺 造出了海洋 出現了「生天之根」
後　天	盤古	開天闢地 日月升天 創造萬物 初造人類
泡　天	弘儒 弘浩 鴻鈞	平息三番洪水 再造人類
治　世	天皇 地皇 人皇 伏羲 神農 軒轅 唐堯 虞舜	分四季 分日月 分九州 創八卦制婚姻 創農耕與醫藥 華夏族成一統 掃妖孽興禪讓 治洪水興仁政

　　顯而易見，如此龐雜的內容絕不可能出自某一個或幾個歌手之口，也絕不可能在短時間內編出來，《黑暗傳》的創作應是一項系統工程，應經歷了一個漫長的歷程，凝聚著無數無名氏的心血和智慧。

　　在蒐集到的手抄本資料裡，我們不難發現以下三個問題：

　　其一，「同一人物，說法各異」。譬如「生天之根」，有的說是落在滑塘的一圓物，有的則說是托在荷葉上的一顆露珠；又譬如盤古其人，有的說是崑崙山孕育出來的，有的則說是西天佛祖派來的……

　　其二，依據史料，有所取捨。譬如，史料上有混沌被倏忽刺鑿而

死的記載，《黑暗傳》卻講混沌變成了玄黃的坐騎；又譬如，《黑暗傳》只講盤古垂死化身，創造萬物，卻不講盤古身上的蟲蝨化做了最初的黎民百姓……

其三，巧妙拼合，別出心裁。譬如葫蘆兄妹與伏羲、女媧本來各不相干，《黑暗傳》因其都包含了兄妹成婚的故事，便將它們拼合在了一起；又譬如洪水故事說法各異，《黑暗傳》將之糅合在一起，演繹成了「三番洪水，三分天地」……

造成上述問題的主要原因當是歌手們的師承不同、依據不同和喜好不同。這又與歌手們的多元性有關係。因為古代的神農架曾是南北文化的交匯地，漢、巴、瑤、苗等多個民族的聚居地，還曾被統治者作為流放重地，被老百姓視為避亂營地。因此，各地人士、各民族人士、各階層人士，都會將自己的故事、思想和觀念帶入《黑暗傳》，因而使《黑暗傳》既具漢民族的文化特色，又集多民族創世神話之大成。

（7）《黑暗傳》屬民間歌謠，主要靠民間歌手口頭傳承，因此長期沒有統一的版本。

有學者推斷，《黑暗傳》大致成書於明代中後期。此說基本可信，因為手抄本裡確有「我大明」這樣的詞句，一些老歌手也說他們曾見到過《黑暗傳》的木刻本，還有一個抄本後面清楚地註明著是抄自清同治刻本。

《黑暗傳》被整理成書，刻印出來，自然與文人們的介入有關係。可為什麼直到明代它才引起文人的關注呢？我想有以下三方面原

因：

其一，神農架山林在明代曾紅火過一時，這不僅由於大量災民、難民湧進山林求生、避難，還由於川鄂古鹽道招致了八方商賈云集。川鄂古鹽道號稱「南方絲綢之路」，它西起大寧廠，東止鄂西北，神農架則是連接兩省的門戶或咽喉，《黑暗傳》也因此而擴大了對外影響。

其二，神農架有「老君山」和「中武當山」，也是道教聖地，明代大興道教、大修武當山，自然會把一些文人也吸引進來。《黑暗傳》本來便具有濃厚的宗教意味，當然會受到這些文人的青睞，將之整理成「經歌」也應在情理之中。

其三，明代開始出現了小說創作熱，小說家們多從史書記載和民間傳說中吸取營養，自然會對《黑暗傳》故事產生濃厚的興趣。只是由於「孔子不語怪力與亂神」，《黑暗傳》才沒有被改寫為小說，僅被整理成了歌本。

文人們的整理，實際上是一種再創造。我很贊同胡崇俊和何伙先生的一段話，是在《神農架〈黑暗傳〉多種版本彙編》的序裡講的。他們說：「當地三家村學究（不應該僅侷限於當地──引者），對《黑暗傳》進行了加工、潤色，將分散的、零碎的、一鱗半爪的神話傳說加以『黏合』，使上古神話合理化、歷史化、哲理化和倫理化。」

學究們的心血和勞動集中體現在如下方面：

其一，完善了創世神話的系統。《黑暗傳》「先天」──「後天」──「泡天」──「治世」的完整體系當是這時才正式形成的。

其二，確定了內容的時代空間。《黑暗傳》依據創世歷程演義神話故事，因此只講到三皇五帝時代為止。

其三，精選了民間的神話傳說。《黑暗傳》中的人物和故事，尤其是三皇五帝以前的人物或故事，譬如黑暗、混沌、玄黃等老祖，「江沽造水土」、「浪蕩子吞天」、「洪水泡天」等故事，經傳上多沒有記載，有記載的也都是含糊其辭，都是從相關的民間傳說中精選出來的。《黑暗傳》中還有一些故事原出於南方少數民族，譬如盤古開天、兄妹成婚、洪水泡天等，它們是被經過了一番改造才納入漢民族創世神話體系的。

（8）《黑暗傳》雖然屬於喪鼓歌本，可喪鼓歌場卻從不輕易演唱。究其原因，主要有二：

第一，《黑暗傳》長期受到封建正統觀念的排斥。《綱鑑》開頭便如此說道：「唱歌莫唱《黑暗傳》，要把《綱鑑》看一看，莫把混沌扯稀爛……聰明不過孔聖人，不語怪力與亂神，只講湯武與堯舜，何曾開口講混沌，聖人不信哪個信，莫撿根棒槌當成針（真）。」

第二，《黑暗傳》太深奧、又太長了，一般的歌手都不敢輕易開口。因為如果唱不出來，或唱錯了，就會當眾出醜、大失面子；如果對答不上，或解釋不同，常會引發衝突。這樣的事，歌場上都不鮮見。

一般來講，遇到兩種情況才會演唱《黑暗傳》：

其一，孝家一再要求。如果孝家是一個有一定名望的家庭，主人對《黑暗傳》又素有愛好，而且「停屍」天數較多，常會再三向歌手

提出演唱《黑暗傳》的要求。但歌手們要應承下來，還得具備兩個基本條件，一是資深歌手不低於三五個，因為誰也不可能記得全；二是曾經成功合作過，因為這才可能做到配合默契、銜接自然。

其二，歌手被追進了死胡同。這樣的事總是因歌場比武越演越烈而引發的，多發現在來自不同地方、屬於不同流派的歌手之間。大家各執己見，互不買賬，因而越說越古老，越唱越離奇。歌手們競比高低，聽眾們卻大飽了耳福。

《黑暗傳》不僅在封建社會一直飽受排擠，「文革」時期也曾遭到浩劫。蒐集到的幾個手抄本，都是從山洞裡取出來、從地窖裡挖出來的，由此可見歌手們當時為保存歌本而冒的風險和費的心機。它們雖然被油布或塑料紙包裹著，天長日久仍難免嚴重損傷，這便是資料無不殘缺的一個重要原因。

《黑暗傳》是民族文化寶庫中的一顆璀璨的明珠，卻早面臨著失傳的威脅，如今能唱的歌手已為數寥寥，搶救這份文化遺產的任務刻不容緩。

摘自《黑暗傳解讀》

《黑暗傳》主要故事梳理

陳人麟

《黑暗傳》演繹了自宇宙之初直到三皇五帝時代的漫長歷史演變進程，涉及了眾多不見經傳、鮮為人知的創世神話人物和故事。由於資料蒐集工作不斷深入，彙編本中的一些重要缺漏已得到填充，一些模糊不清的問題也已找到了較為合理的解釋，因此《黑暗傳》的故事梗概也日益清晰地顯露出來。

我以為，《黑暗傳》的主要故事有以下幾個：

黑暗混沌

《黑暗傳》上的第一位神人是黑暗老祖。在宇宙的黑暗時期，他主宰著一切。他的故事不多，資料上僅如此唱道：

「歌師發問講先天，先天只有氣一團，黑哩咕咚漫無邊。有位老祖名黑暗，大事小事他都管，黑暗老祖無雙親，無影無蹤無臉面，伸手不能見五指，怪裡怪古掌江山。」

不知道經過了多少年，宇宙內的景觀慢慢由黑暗變成了混沌，此時，黑暗老祖也讓位給了混沌老祖。

混沌老祖有父有母，只不過父母本是一對母子：

「提起混沌有根古，混沌之時啥沒有，萬氣相聚黑黝黝。當時有個濍漅祖，濍漅生浦湜，浦湜就是混沌父，濍漅就是混沌母，母子成婚配，生下一圓物，包羅萬象在裡頭，好像小雞未孵出。」

混沌老祖主宰宇宙的時間很長很長。後來，宇內顏色越變越淺了，他才讓位給了玄黃老祖。

玄黃老祖是從黑暗中走來的，是五色瑞氣化身的，神通無比廣大：

「有個老母黑天坐，神通廣大沒法說，石龍老母是法號。老母收下一門人，復元就是他的名。復元法術多妙哉，出世就把仙根埋，長出玄黃老祖來，乾坤茫茫他主宰。

玄黃出世玄又玄，沒有日月沒有天，沒有山來沒有川。風風火火也沒有，不見萬物人苗面。混沌世界昏昏暗，誰人見了心都煩。

玄黃出世玄又玄，五色瑞氣空中現，浩浩蕩蕩結成團。一道黃氣往上飄，一道赤氣往上旋，一道黑氣往上升，一道白氣往上鑽，一道紫氣騰霧煙，五色滾成一個團。

五色瑞氣結綵雲，一聲響亮落地平，一尊黃石現了形。黃石高來有九丈，腰圓十丈還有零。一人來到石上坐，哈出氣來石變形，黃石變成蓮花身，蓮台坐著一真人，雙目緊閉暗思忖，要為自己取姓名，兩山之間有一孔，內藏玄黃二字文，一個玄字借做姓，黃字自然成了名。」

江沽造水

混沌時代，歷代神人都為「造水」付出了艱辛的勞動，所以他們的名字皆為水旁：

「混沌從前十六路，一路淲淲祖，淲淲生浦湜，浦湜生滇汝，二路生江泡，三路生玄真，四路生泥沽，五路生汗水，六路生湜沸。七路生湧泉，八路生泗流，九路生紅雨，十路生清氣，十一生滌沸，十二生重汗，十三生浬沤，十四生丘浬，十五生洞汰，十六生江沽，江沽他才造水土。」

所謂「江沽造水土」，意思是說，到了江沽時代，宇宙中才出現了浩瀚的海洋。

江沽出世便為魚形，由於「廣吸元氣長成精」，所以身高體胖，特別能喝水。他一口便喝乾了天池水，為了活命，便四處找水：

「江沽找水四方尋，千里萬里多艱辛，聞聽北漠是大海，一日千里往前行。北漠萬里冰雪海，有一尊祖號北溟。北漠海中有黑谷，黑谷之中有洞府，北溟尊祖洞中住，掌管玄冰是水母。」

江沽終於找到了北溟洞，拜見了北溟祖。他對尊祖說：

「天地乾枯難保生，特請溟祖賜玄冰，玄冰化水救生靈，唯有玄冰是真水，才是萬物救生根。」

誰知道溟祖又告訴他：

「玄冰原是水之精，玄冰非是容易化，需得玄光一寶珍。北漠之北有一神，名叫玄光坐崑崙，玄光口中含玄珠，玄珠才能化玄冰。此去崑崙千萬里，問你江沽怎麼行？」

江沽表示，縱有千難和萬險，也要前往崑崙山，不得玄珠不回還。尊祖深為感動，當即特賜他九粒神丸，使他精神倍增，力大無窮；又為他裝上了翅膀，變為了一隻大鵬金翅鳥。他一下子便飛到了崑崙山，找到了玄光老祖，借得了玄珠，「玄珠本是火中精」，他竟「含在口中往回行」，「飛進北溟洞府門，玄珠如火冒金星，玄冰霎時皆融化，汪洋一片綠茵茵。」

浪蕩吞天

有了水，「生天之根」（即地球的雛形）便開始孕育了，並出現於混沌後期。

「生天之根」是圓形的，或說是顆露珠：

「話說奇妙與浪蕩，一日來到水邊逛，見一物體放光芒。一匹荷葉無比大，一顆露珠葉裡蕩。」

或說為一熠熠生輝的圓物：

「一日玄黃心發悶，想到洞外散精神。出了洞門仔細看，只見地眼放光明。青赤二氣團團轉，結成圓物囫圇形。一聲響亮落大地，落在滑塘亂滾滾。圓物打滾不要緊，放出豪光嚇煞人。」

玄黃老祖深知「天」將誕生，立即派弟子奇妙子去取：

「豪光亂擾真古怪，玄黃看了知分明：圓物乃是生天根，五烏三光裡面存，內含五行和八卦，包藏天精和地靈。」「急喚弟子奇妙子，快去取來莫消停。」

誰知道竟被「浪蕩子」占了先：

「奇妙正要取寶珍，天空落下一個人，唱出一本難唸經。此人身長有五丈，紅臉黑鬚大眼睛，四顆獠牙顛倒掛，眉如鋼刀目似釘，落在滑塘不說話，伸手就要取寶珍，此人就是浪蕩子，他是一氣化真身。奇妙見了吃一驚，忙與浪蕩評理性，奉勸不要耍聰明。圓物本是生天根，若是撩壞一命傾。浪蕩聽罷哈哈笑，雙手直向塘中伸，捧出寶珍手中存，揚言就要一口吞。奇妙忙說你不敢，浪蕩答說我就行，三個不字未說完，寶珍已被浪蕩吞。」

浪蕩子「吞天」完全是出於好奇和爭強，因為他並不知道「天為何物」。玄黃老祖先同他講理，繼同他鬥法，幾經鏖戰，終將浪蕩子擒殺。由於浪蕩子被屍分五處丟入海洋，海洋中才升起了崑崙山。這座崑崙山，並非今天的崑崙山，而是同佛教所說的須彌山一樣，指地球的中心，五大洲由它派生出來，盤古也開始在山中孕育：

「玄黃斬了浪蕩子，寶珍從他肚內淌，屍分五塊丟海洋。海洋長出了崑崙山，一山長成五龍樣，五龍嘴裡流血水，天精地靈裡頭藏，陰陽五行才聚化，盤古懷在它中央，過了一萬八千歲，世上才有盤古皇。」

「說起崑崙有根痕，崑崙山真怪得很，天心地膽中心存。一山長成五龍形，五個嘴唇往下伸，五個嘴唇流血水，聚會天精和地靈，一起流到海洋內，結成胞胎道行深，過了一萬八千歲，長成盤古一個人。」

天玄地黃

宇宙由黑暗而混沌是個進步，由混沌而玄黃又是一個進步。但任何舊事物都是不會自動退出歷史舞台的，玄黃最終取代混沌便經歷了一番激烈的鬥爭。

鬥爭是因混沌的襲擊引發的：

「老祖出了鴻蒙洞，後跟弟子眾門生，遊山觀景解煩悶。玄黃師徒正觀看，一陣狂風掃山林，遮天蓋地烏雲騰，聲如雷鳴好嚇人。老祖滾過風頭去，抓住風尾把話論：眾位弟子多留神，謹防惡獸將來臨！老祖一言未說完，跳出一隻猛獸禽，張牙舞爪好厲害，有詩一首做證明：頭黑身綠尾巴黃，六足色白紅眼睛，毛似黃金一樣鮮，二角六尺頭上生，身高整整四丈五，足長六尺有餘零，獠牙四個如鋼針，張口似簸名混沌。」

玄黃老祖勸混沌投降歸順，混沌卻堅持要比試神通，於是，一場神獸大戰便開了場：

「混沌聽罷又言論，空口說話難為憑，各顯神通定假真。說罷將鼻吼三聲，一道黑煙往上升，黑煙之中現一寶，身長一丈不差分。此寶能長又能短，能粗能細真奇珍，名字就叫混元寶，金光閃閃怕煞人。混沌也有兩隻手，常在頸項藏其形，此刻雙手舉寶珍，對準玄黃下無情。

混沌舉寶下無情，玄黃趕忙躲其身，也從耳中取寶珍。只把耳朵拍一掌，就有白氣往上升，白氣之中現一寶，此寶名叫定天針。針長也是一張整，老祖拿在手中存，招架混沌混天寶，一神一獸大相爭。

一神一獸兩相爭，交鋒幾何無負勝，混沌又放新寶珍。用手朝天指一下，放出三個惡鳥身：一個叫做鶄鶇鳥，紅嘴黑身金眼睛；一個叫做鵂鶹鳥，三手六足綠眼睛；一個叫做鷦鴣鳥，六目三翅大鵬形。三隻惡鳥凶的很，哪知玄黃更高明，隨手拋出陰陽囊，祭在空中飛不停，陰陽寶囊大張口，惡鳥霎時沒了影，混沌見寶被收走，氣得吹鬍瞪眼睛。

混沌更加怒氣生，又放奇寶和怪珍。火光熊熊空中騰。漫天火光撲面來，要燒玄黃解心恨。玄黃也取寶一件，雌雄化丹空中呈，大叫一聲快快變，變成一隻神鳥身，此鳥名獃鴕鳥，口吐大雨如傾盆。一時大火俱滅了，混沌一見大吃驚，搖身變成狐狸獸，搖頭擺尾要吃人。玄黃一見也變化，變只狻猊更威風。混沌一見再變化，拔下毫毛八十一根，變成八十一混沌，個個手拿混天棍，圍住玄黃大出手，出手便想定輸贏。

且說玄黃神得很，口中有詞未出聲，變成一千玄黃身。個個手中拿兵器，圍住混沌大交兵。混沌急駕祥雲去，邊行邊對玄黃論：你今若有真手段，同到天空走一程。玄黃聞言也騰空，空中一片鬧騰騰。混沌戰的心煩惱，身上又去一寶珍。此寶名為蒙獸寶，能發旋風起漩渦，招來惡禽並猛獸，欲對玄黃逞英豪。

　　玄黃一見忙不停，取出葫蘆手中拎，葫蘆裡面藏寶珍。只見葫蘆一拋出，惡獸猛禽收乾淨。混沌一見破了法，大吼一聲如雷鳴，口中吐出一寶劍，無形風是寶劍名，要說此寶劍多屬害，斬人無蹤又無影。看見人形它追趕，神仙見了也遭瘟，先從頂門來吹進，吹進五臟人自崩。豈料玄黃五氣化，風來他去笑吟吟。東風吹來西方走，南風吹來北邊行，東遊西逛心發悶，祭起錦囊空中升，收了混沌無形風，這才風平浪又靜。」

　　混沌終被制服，玄黃封它為歡兜神，做了坐騎，從此方進入「天玄地黃」的新時期。

盤古開天

　　「玄黃」意味著黑暗即將結束，光明即將誕生。「後天」始於盤古開天地，光明來自日月升天庭。

　　盤古是「先天」孕育、五行造就的人祖：

　　「說起盤古有根痕，當時乾坤未成形，青赤二氣不分明，一片黑暗與混沌。金木水火土，沒有生五行，乾坤暗暗如雞蛋，迷迷濛濛幾

千層。不知過了多少春，二氣相交產萬靈，金木水火是他父，土是盤古他母親。」

盤古的人形是鴻鈞老祖用鐵筆畫成的：

「說起盤古來出生，第一功勞數鴻鈞，鐵筆將他畫人形。鐵筆本是玄黃贈，畫天畫地又畫人，鴻鈞老祖拿在手，左右不停汗泠泠。一畫二畫來出生，三畫四畫出頂門，五畫六畫眉毛生，七畫八畫七竅明，九畫十畫有四肢，十一十二長眼睛，十三十四畫骨節，三百六十零五根，十五十六畫汗毛，十萬八千有餘零，畫的頂平額角起，畫的肝肺手連心，畫的元氣滿盈盈，畫的五行各安身。」

盤古出世便討厭黑暗，並萌生了打破現狀的念頭：

「盤古昏昏如夢醒，伸腿伸腰出地心，麻煩事情多得很。睜開眼睛抬頭看，天為鍋來地為盆，既無縫來又無門，嚴絲嚴縫扣得緊。想站起身把腰挺，一頭碰的腦殼疼，用頭頂，頂不開，用腳蹬，蹬不成，手摸腦殼心暗想，要想辦法分乾坤。」

盤古得到了三件寶物：一名開天斧，「往西方，有顆星，盤古摘來星星看，原是西方庚辛金。金星當時來變化，變成一把斧頭形，不像金來不像銀，不是鐵匠來打成，拿在手上重千斤，舞在空中耀眼睛」。二叫敲天坎，「果然又見一寶珍，一把鑿子面前存，遍體溜光放光明。不是金來不是銀，不是鐵匠來打成，它是上古一寶珍，敲天坎是它的名，想它大來它就大，叫它小來不見形，想它重來重萬斤，叫它輕來飄飄輕」。三曰鑽地釺，「高高興興把路趕，只見一山把路攔，身子圓來頂頂尖。盤古隨手拎起來，此寶名叫鑽地釺，叫它長來

它能長，叫它短來它就短。」

盤古藉助三件寶，終於完成了開天闢地的偉業：

「又是斧頭砍，又是鑿子鑽，釺子戳的直冒煙，渾身上下流大汗。東邊砍，西邊鑿，往上戳，往下鑽，一斧砍斷混沌根，才見青氣往上旋，一鑿鑽開地府門，才見赤氣往下灌，青赤二氣分了家，才有天上地下邊。」

為了擴大戰果，盤古又立身天地間，頭頂腳蹬，才造就了十八層地獄十八層天：

「盤古站在天地間，腳蹬地來頭頂天，身子長一尺，天便高一丈，盤古長了一丈八，才有高天十八盤；身子長一尺，地便厚一丈，盤古長了一丈八，才有地獄十八變。」

日月升天

盤古分開了天地，又新添了煩悶，因為沒有光明，萬物還是不能生，人類更加無法造。此刻，他獲悉了一個重要情報，日月二君才是光明之神：

「光明全靠日月君，日月二君是星神，咸池裡面修道行。一個男來一個女，夫妻二人恩愛深。月姓唐，日姓孫，唐末孫開是他名。膝下兒孫一大群，就是後來滿天星。」

盤古急忙向咸池找去：

「一路趕，急急行，磕磕絆絆往前奔。山又高，水又深，不見咸池腳不停。咸池原是大海洋，又寬又深大得很。海洋正中一山嶺，山嶺身上豪光隱，盤古又舉開天斧，一斧劈開高山頂，將身來到咸池底，找到兩個大洞門。一個名叫太陽洞，洞中住著太陽神，洞中有棵扶桑樹，太陽樹上安其身；一個名叫太陰洞，太陰洞中住月君，洞中有棵梭欏樹，梭欏樹下坐太陰。」

盤古拜見了日月二君，說明了來意：

「如今天地已形成，天昏地暗事難行，沒有日月和星辰，人和萬物沒法生。只有你等當此任，此乃天意不由人。夫妻二人升天庭，也非永遠就離分，一月之間會一面，這是前世早排定。」

日月欣然接受了邀請，當下便起了程：

「山上那棵扶桑樹，當作天梯往上登。叫起金龍來護送，駕起雲車十二乘，手執化雲珠一顆，腳踏風火二車輪。日穿寶衣火焰甲，萬道金光耀眼明；月披水晶衫一領，夜灑甘露濟眾生。」

日月升上了天庭，從此萬物才開始萌生，人苗才得以出世：

「一聲響亮如雷鳴，日月二君升天庭，天上地上頓時明。日月兒孫隨後跟，天上才有滿天星。陰陽調和萬物生，世上才有人苗根。」

盤古完成了歷史使命，又身化萬物，表現了徹底的奉獻精神：

「盤古從此隱了形，身化五嶽高山嶺，又配五方分五行。頭合東方甲乙木，腳配西方庚辛金，面朝南方丙丁火，背對北方壬癸水，身在中央戊己土，天地和樂萬物生。

盤古從此隱了形，垂死化身萬物興，你說怪不怪得很。氣為風，聲雷霆，血為江河脈山林，肉為土，骨為石，草木裡面皮毛存。精髓化珠玉，汗流雨淋淋，身上諸蟲化人形，才有黎民和百姓。」

洪水泡天

天地分開，日月光明，萬物初生，人苗出世，接著卻是「三番洪水泡天庭」，世界再度回覆到混沌狀態。

所謂「洪水泡天」，就是指地球的滄桑巨變。所謂「三番洪水」，是說曾發生過「黑水泡天」、「紅水泡天」和「清水泡天」，而且每次的時間都長達一萬八千年之久。為平息洪水，各路神仙競顯神威，「黑水泡了天，昊天走靈山；紅水泡了天，末葉他為先；清水泡了天，鴻鈞老祖現。」

「黑水泡天」是兩龍爭鬥引起的：

昊天老母出洞門，靈山上面觀風景，洪水一片好嚇人。兩條長龍在爭鬥，二龍相鬥氣騰騰，一條黃來一條黑，你追我趕爭輸贏。黃龍捲起浪滔天，黑龍駕著烏雲行，開始黃龍逞威風，抓得黑龍血淋淋，黑龍急忙搬救兵，兄弟五個齊上陣，抓得抓來啃得啃，直將黃龍困中心。黃龍急忙來逃命，一直奔上靈山頂，須彌洞外收住腳，面對老母把話稟：可恨黑龍它無道，激起洪水泡天庭，大水已向靈山來，怕將須彌也掃平。老母聽了黃龍語，拍岸大怒發雷霆，一道仙旨上崑崙，招來崑崙五雷神。崑崙山上五雷神，神通廣大無比倫，大哥用的開天

斧，上古太荒一寶珍，叫它大來萬斤重，叫它小如繡花針；二哥神通怪得很，口中能夠吐紅雲，紅雲似火沾上身，金石也會化灰燼；三哥使的千金斤錘，四哥使棍重千斤，五弟使把斬妖劍，弟兄五人齊上陣。五雷齊上陣，五龍奮力拚，龍口吞下紅雲火，龍尾橫掃千斤棍，龍身避開斧和錘，龍爪越劍挖眼睛。昊天老母看得清，忙取寶珍手中存，左手拋出定天珠，右手又發止水針，直奪五龍黑妖精，七竅流血逃性命。一番洪水從此平，五雷弟兄封將軍，黃龍有功也封贈，派去把守西天門。黃龍生下三枚蛋，獻給老母謝大恩，老母將蛋腹中存，腹中有孕上了身，懷孕三十載，生下三位神，長子叫定光，次子后土名，老三稱婆娑，都是人苗形，須彌洞中長成人，後來做出大事情。

孽龍在逃，水患未除。其後，紅水又泡了天：

只見海中紅光起，紅光一閃化一人，先天之神名台真。龍的腦殼人的身，巨齒獠牙口外伸，手拿靈珠和拐棍，靈珠能把海水定，拐棍直追孽龍影，二番洪水瞬間消，又見日月山川形。

三番洪水是鴻鈞老祖平息的，鴻鈞老祖的來頭大得很：

「白妃娘娘洞中坐，只覺心中好煩悶，黑暗之中上崑崙。崑崙山上三口井，一口井中出綠水，一個清來一個渾。娘娘喝了三井水，面紅耳赤動春心，回到洞中懷了孕，一胎生下三精靈。長子取名叫弘儒，二子弘浩是他名，只有老三女兒身，取名就叫小鴻鈞。三番洪水泡天庭，她與定光結婚姻，收服五龍息洪水，才有人苗世間存。」

人類再造

人苗本來在盤古時代就已經出世，卻不料被三番洪水吞噬乾淨，直到水患完全平定，真正的人類才得以誕生。

五龍推著葫蘆翻，鴻鈞急把葫蘆拴，滔滔洪水得安然。老祖撿起葫蘆看，葫蘆裡面真新鮮，一同走出兩孩童，一個女來一個男，本是孿生兩兄妹，二八妙齡多美豔。老祖上前問根源，為何生在葫蘆內，為何海中冒危險？二人跪在老祖前，說出一件怪事端：我兩本是先天生，崑崙山上好耍玩。崑崙山上裂縫間，一根葫蘆藤長牽，藤子牽有千丈長，一隻葫蘆掛上面。葫蘆見了我們倆，言說洪水要泡天，就叫我們鑽進去，裡面地平天又寬。我倆鑽進葫蘆裡，洪水一下泡了天，海上蕩來又蕩去，不知過了多少年。

老祖聽罷新歡喜，就勸二人成夫妻，你說稀奇不稀奇？老祖開言把話云，兄妹二人仔細聽，如今世上無男女，怎傳後代眾黎民？誰知童女開言論，我倆本是一媽生，哪有兄妹結為婚，豈不羞壞世上人？老祖一聽接過話，我的道理大得很，只因洪水泡天庭，世上斷了真人根，別看無數人模樣，卻非父母肉體身，有的金石為身體，有的樹木成人形，有的水蟲化人相，有的鳥獸學人行，有血有肉的真身，就剩你們兩個人，兄妹二人正相姻，生男育女是正經。

童女一聽又接音，若要兄妹成婚姻，除非金龜把話應。金龜果然開了腔，叫聲童女你是聽，就是金龜也贊成，兄妹二人結成婚，才能不絕世上人。童女一聽怒生嗔，石頭拿在手中心，砸得龜殼冒火星。龜殼當時成八塊，金龜當時命歸陰。童男一見不忍心，忙把龜殼重新

拼，八塊合攏用尿淋，金龜才又把話明，生也勸你成夫妻，死也勸你結婚姻。童女這才親應允，兄妹二人結成婚，金龜做了大媒人。童女一日懷了孕，懷胎二十四月正，生下男女兩個嬰，兄妹二人都聰明，男兒取名叫伏生，女兒便用安生名。

這對兄妹不是別人：

童男他本伏羲祖，童女就是女媧根，他們都隨混元去，跟著混元去修行，等到轉胎重出世，才有帝君掌乾坤。

天地人皇

有了人才逐漸形成人類社會，最早治理乾坤的是天地人三皇，他們都實行了集體領導：

天皇出世有原因，弟兄一共十三人，共同來把乾坤定。天皇出世人煙稀，淡淡泊泊過光陰，不知歲月與年數，不分寒暑與秋春。天皇弟兄來商議，天干地支才發明，一十二月為一年，一年四季分的清。治世一萬八千載，黎民百姓都安寧。

說起地皇有根痕，原在龍門修道行，龍耳洞中來出生。弟兄一共十一個，同把地皇龍位登。登位想著百姓們，不怕勞苦和辛勤，始分日月為陰陽，從此才有晝夜分，晝夜十二個時辰，一月之中含三旬，座位一萬八千歲，才有人皇接乾坤。

人皇弟兄九個人，行馬山前來出生，個個都是有道君。九人九處

治天下，九州百姓都太平。造雲車，觀地象，東西南北才摸清；選才德，用能人，從此才分君和臣。治世一萬八千年，都和黎民同生存，渴靠清泉飲，飢采野果吞，寒用樹葉遮其身，男女交歡無區分。」

三皇治世期間，還湧現了一大批能人，有許多重要的創造發明，推動了社會的進步：

「打從三皇到五帝，又出八十女皇君，能耐也都大得很。五龍氏，生獸禽，豺狼虎豹遍地行；鉅靈氏，開險阻，修出水旱道路平；皇覃氏，出鳳凰，六隻鳳凰一路行，後分六處傳子孫；有巢氏，人吃獸，架起雀巢蔽陰晴，百姓專打鳥獸吞；燧人氏，取火星，鑽木取火巧得很，從此不再吃生冷；史皇氏，造字文，仿照鳥獸腳跡印，萬物各色始有名；祝融氏，聽鳥音，樂章使得人和氣，能引天精和地靈；女媧氏，造蘆笙，蘆笙調和陰陽情，開了教化育子孫。」

伏羲帝君

《黑暗傳》以伏羲、神農、黃帝、堯、舜為五帝，主要採用了《易·繫辭》和《史記》的說法，但又有所不同，因為在其間另加入了幾位，他們也在史書上有名，如此方使得歷史更加完整。

五帝以伏羲為首：

「金鼓一住又接起，仁兄開口問伏羲，聽我慢慢道根底。提起伏羲有根底，先天之時早成器，而今借了聖母身，再到人世創功績。且說太昊名華胥，看看日落西山地，荒郊野外閒遊戲，一腳踏進大足

跡，聖母頓時動春意，心中變的亂絮絮，上天虹霓落了地，五色斑斕沒法比，纏住聖母交情意，弄的聖母真歡喜。聖母一時懷了孕，一十四年無消息，生下一個小郎君，為他取名叫伏羲，生得人頭卻蛇身，你說稀奇不稀奇。

伏羲生在紀州城，甘肅至今留名勝，鞏昌便是它的名。三十歲上坐龍廷，他是五帝開首君，在位一百四十春，天下萬民都安寧。

伏羲皇帝觀天象，看到日月和星辰，山川都在裡面存。一日孟河起祥雲，一匹龍馬降紅塵，身背河圖和洛書，身高八尺有餘零。伏羲一見心歡喜，畫成八卦達神明，伏羲八卦神的很，陰陽順逆輪流行。

伏羲皇帝治禮儀，教人嫁來教人娶，女兒嫁為男人妻。伏羲皇帝觀風景，風吹樹聲真好聽，砍下樹木造出琴，五根琴絃合五行，琴長三尺零六寸，面圓底方天地形。」

伏羲時代，因發生了共工叛亂，才導致了天塌地傾；女媧因補天有功，才接替伏羲執掌乾坤，成為一位過渡性帝君：

「伏羲治世民太平，後來共工亂乾坤，出了一件大事情。共工本是一帝君，貪色無道失民心，祝融一見怒生嗔，領兵與他來相爭。共工大敗走無門，當時心中氣不平，怒火燃到頂門上，不周山前頭亂頂，一頭撞崩不周山，撞斷擎天柱一根，崩了北方天一角，天地頓時變了形。

女媧輔佐伏羲治理天下，又因斬共工、補天庭功勛卓著，在伏羲歸天後也曾被尊為君：

共工撞斷擎天柱，天地動盪不安寧，女媧見了怒氣生。好個女媧手段能，一把寶劍握手心，寶劍直向共工刺，除了一個禍害精。

女媧斬了共工身，天塌地傾怎麼行？真是叫人傷腦筋。好個女媧手段能，又煉彩石補天庭，斬斷鰲足立四極，地傾東南到如今；聚灰又把洪水止，天下方又得安寧。百姓一見心歡喜，便尊女媧為上君。女媧在位三十年，才有神農來降生。

炎帝神農

炎帝神農氏是古少典國之後，生於烈山，長於姜水：

提起神農有根痕，母親嶠氏女賢能，名號安登老夫人。她與少典配為婚，生下兩個小嬌生，長子石蓮是他號，次子神農是他名。石蓮去了崑崙山，崑崙山上去修行；神農長在姜水邊，因此才有姜為姓。

神農皇帝本姓姜，南方丙丁火德王，又號炎帝為皇上。他在姜水長成人，出生卻在烈山上。母親觀景去華陽，正看一路好風光，一條神龍自天降，安登心裡頓發慌，不知不覺懷了孕，生下一個好兒郎。

神農出世不尋常，生在一個石洞房，牛首人身聖人相。當時九泉同時湧，九井相通水汪汪，原是天賜甘露水，弄的滿室噴噴香。生下三天能說話，五天走路不晃蕩，七天牙齒都長齊，身高八尺七寸長，三歲便知耕耘事，才有五穀傳四方。

神農開創了中華原始農耕的新時代：

神農他在姜水長，當時百姓少食糧，人人餓得面皮黃。神農心疼眾百姓，暗暗在把辦法想。忽見天遣神鳥來，嘴銜種籽五彩樣，飛進深山把身藏，神農便把五穀訪。

神農他把五穀訪，三山五嶽都走光，遇到河就把水趙。羊頭山上取粟籽，就近開出田一方，造下木犁帶手把，翻開泥土播種忙，從此才有粟谷長，小米做飯噴噴香。大梁山有稻籽，神農撿來田中放，又灌水來又插秧，大米更比小米強。豆子落在維石山，神農種出濟四方，推豆腐來磨豆漿，還長豆芽桌上放。麥籽落在朱石山，大麥小麥不一樣，神農耕種十二次，才有饅饃和麵湯。唯有芝麻最難尋，武石山上荊林莽，芝麻寄在荊樹上，神農取回田裡放，芝麻開花節節高，芝麻榨油噴噴香。

神農又是中華醫藥的創始人：

神農教民把田耕，出來七十二毒神，布下瘟症害百姓。看到黎民不安寧，神農心裡好生疼，上山便把百草嘗，要用百草治百病。

神農嘗草為百姓，三山五嶽都走盡，著成一本本草經。一日而遇七十毒，幾乎一命歸天庭。幸有藥獅來相助，還有赭鞭顯神靈，識破七十二毒神，紛紛逃進大山林，自古良藥平地生，毒藥盡在山林存。神農一追追到底，判出毒神眾姓名，以毒攻毒辦法好，還陽藥草有來因。

神農還首興了原始交易，叫做「日中為市」：

神農皇帝費精神，教民嘗草識藥性，教民按時把田耕。男子耕田女採桑，糧食多了倉庫存。這多那少怎麼辦？日中為市規矩定，大家

按時來交換，各取所需皆歡欣。

神農時代還有許多重要發明，譬如鑿井、製陶、積麻等，因而深得百姓擁戴，其勢力範圍曾北起燕山、南達五嶺、西至甘肅、東及山東。當時，東邊的夙沙族曾發動過一次叛亂，但很快便被平定了：

神農皇帝掌乾坤，千家萬戶都歡迎，唯有夙沙做反臣。夙沙因為太貪心，要反神農有道君。大臣群集心大怒，齊向夙沙大進軍。夙沙孤寡不能敵，嗚呼哉命歸陰。

神農是在南巡途中因誤食斷腸草而駕崩的，死後被安葬在湖南茶陵：

神農座位居於陳，治世一百四十春，崩在長沙茶陵城。茶陵後世名炎陵，炎陵山上炎陵存，炎黃子孫爭著拜，香火不絕到如今。

黃帝軒轅

黃帝即軒轅氏，又名公孫氏，乃有熊氏之後，原為北方部落的首領：

提起軒轅有根痕，聽我仔細講分明，不周之處請指正。他父名喚有熊氏，母親寶附老夫人。寶附一日荒山行，夜做一夢好吃驚，只見電光現天庭，繞著北斗不留停，忽然一下落了地，緊緊纏著她的身。夫人一見動春心，從此身懷有了孕，懷胎二十四月整，兩年滿了才臨盆，生下軒轅一奇人，就在河南新鄭城。寶附見了喜十分，連忙取號

定姓名，取名就叫軒轅氏，又呼大號曰公孫，北方水德旺，黃帝管萬民。在位一百春，駕崩歸天庭，天降神龍迎，他騎龍背行。

因為炎帝部族日益衰落，軒轅黃帝才接掌了乾坤：

神農皇帝歸了天，長子臨魁坐江山，一共坐了八十年，皇位又向帝承傳。帝承在位六十載，帝明繼位四九春，帝宜五十九年崩，帝萊六十八年整，帝裡四十三年頭，才有節莖來出生。節莖又生帝克戲，克戲才生愉罔君，前後五百二十春，才將江山付公孫。

軒轅是靠戰功登上帝位的。戰爭發生在愉罔執政時期，因為炎帝部族日漸衰落，南方九黎族首領蚩尤便乘機興兵，結果炎帝族失敗，退回北方，並向軒轅黃帝求援：

自從神農皇帝崩，愉罔他來治乾坤，愉罔是個無道君。愉罔無道天下恨，蚩尤趁機大興兵，兄弟共有八十一，個個勇猛高本領。蚩尤來勢凶得很，愉罔嚇得不能行，悄悄遷都去逃命，急向軒轅來求情。

聞得炎帝族求援，黃帝即親率兩族聯軍與九黎族鏖戰，這場戰爭以斬殺蚩尤而告終：

軒轅黃帝明德君，他讓愉罔莫慌驚，要殺蚩尤平民憤。軒轅當時點了兵，要殺蚩尤齊上陣。誰知蚩尤本領大，銅頭鐵額興人馬，口吐黑氣霧沉沉，漫天飛塵和走沙，黃帝兵敗如山倒，後退千里把營扎。

軒轅戰敗心發悶，睡在床上不安神，夢中還在把計尋。迷迷糊糊做一夢，夢中情景好嚇人：三皇手把鉤竿舉，口中唸唸似有聲。軒轅夢醒自思忖，必有高賢此方存。仔細訪來仔細尋，果然找到二賢能，

名為風後和力牧，各有神通懷本領。九天玄女也來臨，天書一本送公孫。

軒轅再與蚩尤戰，懷揣天書來上陣，風後力牧隨軍行。造起指南車，擺下八卦陣。風後吹得狂風起，東南西北分不清；力牧趕著戰車沖，殺得地暗天又昏。蚩尤法術再不靈，涿鹿之野喪殘生。」

其後，炎黃兩大部族間又發生了一場戰爭，結果是兩大部族逐步實現了大聯合、大融合，統一的、多民族的中華民族因此而形成，中華兒女也因此而尊二帝為始祖。

黃帝時代，又有了許多重要的新發明，社會又有了新進步：

斬了蚩尤天下喜，小國個個都畏懼，共尊軒轅為黃帝。黃帝他把炎帝替，心裡想著眾百姓。他命大橈作甲子，天干地支配分明；他命隸首作算術，十個數字有起因；他命伶倫造律令，世上才有樂章存；他命車區製衣襟，百姓才把衣裳興；他命岐伯作《內經》，一部醫典傳如今。

軒轅在位一百春，駕崩後，帝位先後尤其子孫少昊、顓頊和高辛繼承。此三君，都沒有多大作為，因而不能名列「五帝」。

唐堯虞舜

軒轅之後，少昊和顓頊都忙於治鬼，別無大的作為；高辛雖平了房王亂，卻將愛犬封為王，實在無聊得很。高辛之子名摯，「只知玩

樂混日辰，黎民百姓把罪問，他才讓位給堯君。」

堯帝又名高唐氏：

說起堯帝有根痕，他本生在丹陵城，姓尹名祁有德行。堯帝登基號高唐，身站火德掌乾坤。當時災難連年生，天道無常人遭瘟，十個太陽同時出，烈焰當空熱難忍。禾苗樹木全曬死，人入地穴去藏身。又加狂風吹不停，房屋頓時掃乾淨。還有三個怪獸禽，大獸大蛇大豬精，三怪同時來咬人，百姓嚇得掉了魂。

堯帝曾派后羿掃除了妖孽：

堯帝是個有道君，忙派后羿去出征，要把妖孽一掃平。后羿弓箭如天神，奉命披掛上了陣，首先便把三怪射，斬盡殺絕不留情。接著又與風伯鬥，馬上風靜天空明。最後他才射日頭，累得渾身汗淋淋。一箭一個太陽落，兩箭雙日墜埃塵，一連射出九支箭，九個太陽不見形。后羿射落九個日，背上又把箭來取，忽聞空中如雷鳴。日光仙子發了話，叫聲后羿你是聽，如今妖星都除盡，要留紅日照萬民。后羿當時就跪拜，拜謝日光太陽神。從此陰陽總有序，萬物生長好乾坤。堯帝賞了大功臣，百姓也把后羿尊。

堯帝晚年，把帝位禪讓給了大舜：

堯帝在位七十二年，甲辰年間登的位，癸未之年把駕崩。堯帝有子名丹朱，卻是一個不肖生，遠遠放到房山陵，要把帝位讓賢能。他先讓位給許由，許由躲到箕山陰；又將帝位讓子交，子交推說他有病。

堯帝讓位讓不成，不由心中不納悶，誰是江山繼承人？一日他把厯山上，見到大舜正力耕，問到天下事情，對答如流真精明，堯帝便把龍位讓，從此舜帝掌乾坤。

舜帝出世根痕深，他是軒轅八代孫，家譜之上記的明。軒轅有子名昌意，昌意又把顓頊生，顓頊生窮蟬，窮蟬生敬康，敬康生句望，句望生嶠牛，嶠牛生兆牛，兆牛生瞽瞍，瞽瞍娶妻握登女，姚墟之野生舜君。

舜君出世苦得很，艱難辛苦都嘗盡，先苦後甜成明君。三歲之上喪母親，父親又把後母娶，後母涂氏少德性，生下一弟象為名。後母視象如珍寶，只把舜作外家人，一心想把舜帝害，幾番下毒未得逞，多虧舜帝福分大，毒藥盡被黃狗吞。

舜帝長到二十歲，去到厯山把田耕，苦扒苦熬度日程。有空就把雷澤下，雷澤邊上做漁人；時常牧羊寅河邊，又製陶瓦在河濱。舜帝得見唐堯君，堯帝將女嫁給舜，長女名字叫娥皇，次女有名喚女英，堯帝還把舜帝償，又是牛羊又倉廩。

舜帝回家見父母，兩個嬌妻一路行，繼母頓生嫉妒心。象弟設下一毒計，悄悄說與瞽瞍聽。父親叫舜上倉廩，象弟放火黑良心，大舜看見一斗笠，拿起當翅能飛行。象弟一計未得逞，又獻一計給父親。父親要舜去淘井，象弟隨後推石滾，要用石頭把井填，想叫舜帝命歸陰。哪知他家那口井，卻是狐精一後門，九尾狐精已知曉，早將小狐安排定，舜帝剛把井底下，便有狐精把路引，逕直回到臥房內，漫拔琴絃好散心。父母二人與象弟，還在井邊把地平，忽聞房裡琴聲響，走進一看掉了魂，方知舜帝有神祐，害舜之心從此停。

舜為天子號有虞，不記象仇講仁義，後世君王哪能及？殺滅三苗於三危，羽山之野平鯀於，在位共是五十年，然後皇位讓大禹。

舜君巡獵崩蒼梧，娥皇女英號啕哭，淚水漲滿洞庭湖。舜帝有子名商均，商均生來少城府，舜帝傳位給禹王，大禹治水傳千古。

摘自《黑暗傳解讀》

亙古《黑暗傳》謳歌始祖功

吳承清

一、淺析《黑暗傳》中的伏羲氏

神農架發現的漢民族創世史詩《黑暗傳》，亙古今以民間孝歌的形式傳唱於世。它從天地起源之根古一直唱到三皇五帝治世，是流傳在民間的一部古老的神話創世史詩，它使「江沽造水土；盤古開天地；伏羲畫《河圖》；神農創農耕；大禹治江河……」唱在炎黃子孫的口頭、記在炎黃子孫的心中。道出了中華民族的祖先「製作文明開千古，補天溶日亙蒼穹」的光輝業績；謳歌了「自從盤古開天地，三皇五帝治乾坤」的偉大功德。

神農架發現的《黑暗傳》被專家、學者視為民間文化的瑰寶，在

國內外引起強烈的反響！神農架人對《黑暗傳》的蒐集整理和研究探討，有著義不容辭的責任與義務！我們試從《黑暗傳》中對伏羲氏的謳歌進行淺析，參照史書進行初探，旨在探究《黑暗傳》的價值。

《黑暗傳》對伏羲氏出世的敘述：

> 五帝伏羲他為首，
> 人頭蛇身生的醜。
> 華胥坐地把世出，
> 她是太昊生身母。
> 華胥無事來遊走，
> 華胥來到高山後，
> 見一巨人腳跡印，
> 華胥順著往前行。
> 心猿意馬拴不定，
> 華胥不覺動春心，
> 一條霓線紅其身，
> 從此身懷有了孕。
> 懷了三百六十春，
> 生下男女兩個人，
> 男兒伏羲是他號，
> 女兒女媧是她名，
> 他倆出生在紀城，
> 後稱太昊帝王君。

這段記敘的是伏羲出生在知其母不知其父的母系社會，母親名叫

華胥（花絮），與一巨人（男首領）交媾後而懷孕，在紀城的地方一胎生下他與女媧，後以太昊為名成了一個部落的首領。華胥的懷孕是「一條霓線紅其身」這可能是後人對始祖的崇敬，棄其隱私加以神化所致。說伏羲「人頭蛇身生得醜」，古曰鬼懼蛇，大概是他將身妝似蛇樣以驅鬼邪的緣故。

《史記・補三皇本紀》：「太皞庖羲氏，風姓，代燧人氏繼天而王，母曰華胥，履大人跡於雷澤，而生庖羲於成紀，蛇身人首，有聖德。」其義是太昊伏羲氏，姓風，其母名叫風華胥（花絮），與一部落有權之人在雷澤處交媾後懷孕生伏羲。伏羲化妝成蛇身以驅鬼邪。

《史記・補三皇本紀》中記載和《黑暗傳》中敘述的基本上相同。我們認為伏羲氏出生在母系社會，母親風華胥是母系社會的首領，女媧是伏羲氏的胞妹，伏羲是五帝之首。《黑暗傳》中敘述了他大量的發明創造，給人類文明做出了偉大的貢獻。《黑暗傳》把他唱為神，我們認為他不是神，應該是人，起碼是上古時期一個氏族的代稱。

一九八九年一月二十五日《人民日報》題為《韓永賢試解上古中華文明之迷・河圖標明氣候洛書指示方位》的報導中寫道：「他認為，神話傳說中的伏羲氏確有其人，而且他還是一位科技知識淵博，指導游牧漁獵的專家。」我們也認為《黑暗傳》中傳唱的伏羲氏也應該是人而不是神，而且是一位真正的「仁德君」！

《黑暗傳》對伏羲與女媧婚姻的敘述：

伏羲女媧配婚姻，

天為主來地為證，

　　金龜便是做媒人。

　　……

　　一日女媧懷了孕，

　　二十四月才降生，

　　生下兩個孩兒身，

　　男兒取名叫伏生，

　　女兒取名叫安生。

　　伏羲本是仁德君，

　　婚姻禮樂從此生。

　　《史記・補三皇本紀》中也記載了伏羲氏「邕制嫁娶，以儷皮為禮」。

　　《黑暗傳》唱到的伏羲女媧配婚姻，兄妹成親，順天地之理，始制嫁娶，生其婚姻禮樂，男女婚配、繁衍後代，首創人類文明，結束了只知其母不知其父的男女亂交的母系時代。男女嫁娶，以一對鹿皮為禮，始制禮儀讓人與人之間產生友誼，使社會安寧祥和，這不能不說是伏羲氏的一個偉大創舉！

　　《黑暗傳》還有一段伏羲女媧用黃土造人的神話敘述：

　　女媧又把伏羲稱，

　　只有你我生男女，

　　怎傳萬萬千千人？

　　伏羲當時把話論，

　　叫聲女媧你是聽，

不如你我用泥土，
　　多多做些黃土人。

　　我們認為伏羲女媧用土造人的這段神話敘述正是《黑暗傳》的傳
唱者們對始祖伏羲氏敬仰的「神來之筆」。也許他們認為伏羲氏和女
媧傳下的人苗理應是十全十美的，可是人類卻出現了瞎、跛、癱、啞
的殘疾人，這不是伏羲和女媧的過錯，而是他倆在用泥土做人時「忽
然天降大雨淋」產生的後果。「傳下人苗到如今，瞎跛癱啞有原因」。
誠望殘疾人不要責怪人類的始祖伏羲氏，也許這就是這段神話的用意
所在吧。

　　《黑暗傳》中還敘述了伏羲氏對人類科學文明所做出的偉大貢
獻：

　　　　伏羲他把金龜看，
　　　　金龜背上有花紋，
　　　　就以龜紋畫八卦，
　　　　畫出太極八卦紋。
　　　　伏羲女媧觀天象，
　　　　又觀山川日月星，
　　　　他把天地分兩儀，
　　　　一個陽來一個陰。
　　　　又以兩儀分四象，
　　　　四象又把八卦生，
　　　　取名乾坎與艮震。
　　　　還有巽離與兌坤，

陰陽順逆到如今，

先天八卦來形成。

⋯⋯

一日孟河起祥雲，

一匹龍馬降紅塵，

滿身長的河圖樣，

身高八尺有餘零，

背生河圖青氣現，

天下九州現了形，

伏羲一見心歡喜，

畫下河圖傳後人，

九州河圖有了根，

又畫洛圖寫易經。

⋯⋯

　　這段敘述讚揚了伏羲氏以科學的態度對大自然的觀察和探索，他的發明創造被後人認為是地球上人類高度智慧的象徵。

　　《史記・補三皇本紀》對伏羲也有這樣的記載：「仰則觀象於天，俯則觀法於地，旁觀鳥獸之文，與地之宜，近取諸身，遠取諸物，始畫八卦，以通神明之德，以類萬物之情。」這和《黑暗傳》中的敘述也基本上是一致的。也正是伏羲氏仰首觀天上的日月星辰，低頭看地下的山谷河流，用科學的態度對大自然進行探索才以日（太陽）月（太陰）把天地分為陰陽兩儀，又以星辰（北極星）給大地定下東南西北四極，又以四極給大地定出了東南、東北，西南，西北四象，由於上古時期還沒有出現文字，他用八卦記號代替四極、四象的八個方

位。而這些線型記號又是受金龜背上的花紋所啟發而畫出的太極八卦紋的文字記號，這就是他發明的先天八卦圖。

伏羲氏以科學的態度在對大自然的觀察探索中，發現大自然在不斷地變化，如《黑暗傳》中所敘述的「孟河起祥雲」，「龍馬降紅塵」，「河圖青氣現」，「九州現了形」等，這些都是伏羲氏所觀察到的大自然之變化，而大自然變化的主要原因是由氣候變化所引起的，這些變化在四極、四象中各有不同，他想把這些變化都記錄下來。但是，在那結繩記事的時代，他只能用圈圈點點把它畫下來。這就是《黑暗傳》所唱的「畫下河圖傳後人」，「又畫洛圖寫易經」的根古。伏羲氏使人類歷史產生了一個「記號時代」，他把《河圖》、《洛圖》刻在石頭上，作為一種記事工具指導當時的游牧漁獵，為後人的「地震說」、「陰陽說」、「天地相交說」、「天三地二說」……提供了科學依據，《易經》就是後人用文字解釋符號記事——八卦圖的專著。

伏羲氏的陰陽八卦、河圖、洛圖是文明的記號時代的科學萌芽結晶，是幾項偉大發明。它是文字的啟蒙，為《易經》、《周易》奠定了基礎，對天文學、氣象學、幾何學、算術做出了巨大的貢獻。所以，中國的自然科學史，中國的有記錄的歷史，都應該從伏羲時代算起！正如石云子在《河圖、洛書研究有新說》一文中所說的：「他（指韓永賢教授）認為中國自然科學應從記號時代算起，因為天文學、氣象學、幾何學、算術都是記號時代的產兒。經他考證糾誤，幾何學不應起源於歐幾里得，應起源自中華祖先伏羲氏。」民間的《黑暗傳》也是佐證！

《黑暗傳》中還唱到伏羲發明琴絃：

一日伏羲心納悶，

無事玩山觀風景，

只見一陣微風起，

風吹樹響真好聽。

他今一聽忙不贏，

砍下樹木來做琴，

面圓底方天地相，

五根琴絃相五行，

長有三尺零六寸，

樂器便是他發明。

《史記‧補三皇本紀》中也記載了伏羲「作三十五弦之瑟」。

伏羲氏在觀察大自然中，無意中發現風吹樹響而受啟發砍樹做琴。做琴時，模擬天圓地方，也正是他當時對天地觀察的認識，以河圖「天數五、地數五、五位相得，而各有合」的科學原理，置五根弦於琴上，謂之琴倒不如說是伏羲創製的「天地小模型」，他意在用天地之聲「兼修人性達氣平」。儘管後人發明了各種各樣的樂器，卻是伏羲氏開創了人類樂器的先河！

《黑暗傳》中還有這樣一段神話敘述：

共工兵敗走無門，

怒火衝天了不成，

一頭撞倒不周山，

斷了擎天柱一根。

崩了北方天一角，

從此天地變了形。
天傾西北北方冷，
地傾東南到如今，
天地動盪不安寧。
好個女媧手段能，
她是伏羲妹妹身，
飛劍才把共工斬，
除了一個禍害精。
她煉彩石補天庭，
又把四方鰲足斷，
地勢方才能其穩，
又聚灰土止洪水，
從此天地才安寧。

《史記‧補三皇本紀》也有如此的記載：「有共工氏，任智弄以強，霸而不王，以水乘木，乃與祝融戰，不勝而怒，乃頭觸不周山崩，天柱折，地維絕。女媧乃煉五色石補天，斷鰲足以立四極，聚蘆灰以止滔水，以濟冀州。於是地平天成，不改舊揚。」

《黑暗傳》中對女媧的這段敘述太神乎其神了，本文不探索它的真正內涵，但是，我們必須承認伏羲氏和女媧歷來在炎黃子孫心中的位置和對他們的崇拜，超越事實的誇張也認為似乎合情合理。何況《黑暗傳》本身就是民間口頭傳唱的神話敘事史詩，把我們的始祖都說成神，如此，我們就不能苛求了。因為本文是把《黑暗傳》中的伏羲氏視為一個真正的人來淺析，對他誇張的神話我們認為是對他給人類做出偉大貢獻的高度讚揚，不愧為「製作文明開千古，補天溶日互

蒼穹」！

　　我們在淺析《黑暗傳》中的伏羲氏之時，同時對照史料上對他的記載，使我們認為《黑暗傳》中對伏羲發明創造的謳歌的確不是胡謅瞎編的。我們又懷疑《黑暗傳》是否是按照史料而仿唱的呢？可是《黑暗傳》中有很多人物和事件無任何史料記載，如「江沽造水土」，「浪蕩子吞天」以及「三番洪水三分天地」、「十二會元天地崩」……還有那生動有趣的神話故事情節，又是根據什麼編唱的呢？使我們不得不承認它的價值並認真地研究。

二、初探《黑暗傳》中的神農氏

　　神農架發現的民間孝歌《黑暗傳》被專家、學者譽為「漢民族創世史詩」，填補了漢民族神話史詩的空白，是民間文化的瑰寶。除此以外，我們還認為《黑暗傳》是一部古老的「鄉邦文獻」，它深入淺出、通俗流暢地敘述了我們祖先的偉大功績，謳歌了華夏的傳統美德，亙古及今、繼往開來，傳唱在人們的口頭，銘記在人們的心中，使炎黃子孫感到驕傲與自豪，從而增強了中華民族的向心力與凝聚力，在民間所起到的作用是文人所著的幾部經典難以達到的，這也是《黑暗傳》的價值！

　　為了讓人們瞭解《黑暗傳》的真正價值，我們在前文中對《黑暗傳》中的伏羲氏進行了淺析，下文還將以此題對《黑暗傳》中的神農氏進行初探，旨在進一步探究《黑暗傳》的價值。

對神農氏的敘述，《黑暗傳》中的開篇這樣唱道：

「聖人誕生自天工，
首出稱帝草昧中，
製作文明開千古，
補天溶日互蒼穹。」

偉大的中華民族始祖炎帝神農氏，是他開創了華夏的遠古農業、醫藥文明，給人類做出了巨大的貢獻，炎黃子孫世代不忘對他的祭祀，他將與天地共存，同日月生輝。《黑暗傳》唱出了華夏兒女對他的無限崇拜，無限敬仰。

《黑暗傳》中對神農氏出世的敘述：

「提起神農有根痕，
他是少典所親生，
母親嶠氏女賢能，
名號安登老夫人，
配合少典結為婚，
生下兩個小嬌生，
長子石蓮是他號，
次子神農是他名，
神農成人姜水邊，
故此姓姜立為君。」

《國語·晉語》載：「少典娶於有嶠氏，生黃帝、炎帝。」

我們在淺析《黑暗傳》中的伏羲時就認為伏羲氏是人而不是神，

或是一個游牧部落的代稱。神農氏是繼伏羲氏結束「母系社會」後的又一個時代，所以，我們無疑地認為《黑暗傳》中的神農氏也是人而不是神，或是一個民族的代稱。而且是少典與安登結為夫婦後一胎生下兩子中的次子。「長子石蓮，次子神農。」我們認為長子石蓮便是黃帝，次子神農就是炎帝。《帝王世紀》謂神農：「人身牛首，長於姜水。」《黑暗傳》中也唱道：「生下神農多奇異，腦殼生角牛頭形　　　　　　　　　　　　　　　　　　　　　。　　　　　　　　　　」

「神農成人姜水邊，故此姓姜立為君。」姜水在今陝西省西部，姜水又稱淇水，它並不是神農氏的出生地，而是「神農成人姜水邊」，成人，神農架方言義是「變得有出息了」或「成了有名望的人」。如：「看你幾時成人。」所以說「故此姓姜立為君」是神農在姜水變得有出息而成為姜族的首領（姜即羌），也就是西方大族羌族的首領。對於神農的出生地在《黑暗傳》中這樣唱道：

> 「神農皇帝本姓姜，
> 南方丙丁火德王，
> 出世生得聖人相，
> 又號炎帝為皇上。」

《黑暗傳》中對東、南、西、北、中五方的敘述：

> 「五方分五行，東方甲乙木，
> 南方丙丁火，西方庚辛金，
> 北方壬癸水，中央戊己土。」

這就是說神農氏出生地在五方中的南方，八卦中系離，五行中系火，以火德王天下，故號炎帝。這些也正體現了中華民族的「天人合

一」傳統思想——人類社會的秩序與宇宙自然界的秩序是一致的。這種思想便是道家之「道」，《黑暗傳》中對神農氏不是說成「聖人誕生自天工」嗎？正是這種思想學說而稱神農氏「南方丙丁火德王，又號炎帝為皇上」。

《黑暗傳》中對神農氏始創醫藥的敘述：

「神農為君苦得很，
他嚐百草識藥性，
為民除病費精神。
出來七十二毒神，
滿天布下瘟疫症。
神農為了救黎民，
遍嚐百草識毒藥，
幾乎一命歸天庭，
喜有藥獅來相助，
神農急將解藥吞。
……
神農知道毒神名，
毒神逃進老山林。」

炎帝神農氏是中華醫藥學的偉大創始人！對於神農嚐百草為民除疾病，古代典籍多有記載。

《淮南子》說神農氏：「嚐百草之滋味，水泉之甘苦，令民知所避就。當此之時，一日遇七十毒。」

《通鑑前編》載：「民有疾病未知藥石，炎帝始味草木之滋，察其寒溫平熱之性，辨其君臣佐使之義。嘗一日而遇七十毒，神而化之。遂作書以療民疾，而醫道立焉。」

《路史‧外記》也有記載：「磨蜃鞭發，察色腥，嘗草木而正名之。審其平毒，旌其燥寒，察其畏惡，辨其臣使，釐而三之。以養性命而治病」，「病正四百，藥正三百六十有五，著其本草，過數乃亂。乃立方書，命僦貸重，理色脈對，察和齊，摩踵、肶肶告以利天下，而人得以繕其生。」

我們參照古代典籍對神農創始醫學的記載，初探《黑暗傳》中對神農氏醫藥貢獻的敘述，證實了神農氏遍嚐百草，日遇七十二毒，冒著生命危險為民除病，是他歷經磨難創始了中華醫藥學的大業。炎黃子孫為了紀念他這一偉大創舉，因為他姓姜，所以中華藥物史上把薑作為第一味藥！

神農氏在嘗草採藥時足跡遍及秦巴山區，也曾到過山高林密的神農架，神農架之名就源於「神農架梯嚐百草」，神農架人亙古及今，深諳中草藥採集、種植、利用之道，沿襲神農遺風，民間保存著許多驗方，流傳著無數動人的故事。這些雖然是傳說，但是我們認為神農來此採藥的可能性極大。因為神農氏族在陝西，陝西與神農架接壤，神農架又是盛產靈草奇藥的地方，此地必將成為當年神農氏活動的理想場所，使他能在此地嘗藥著經。

神農架還流傳著神農氏嘗藥一日遇七十二毒藥幾乎喪生，幸喜藥獅相助，急吞解藥才保住性命的故事。傳說藥獅是一隻神犬，貌似獐獅，故叫獐獅狗，是它自願前來相助神農，當神農發現一種新藥草

時，它就先吞往肚中讓神農氏辨別其藥性，為神農承擔中毒之險，讓神農氏辨清毒藥、良藥、解藥，再將這些藥物的藥性一一記錄下來，歷經千辛萬苦總結出《神農本草經》，使後人對各種藥物有了認識，才使「良藥平地生，毒藥老山林」。

通過《黑暗傳》中對神農「嘗遍百草，為民除病」的記述，使我們看到他的心血與成果，體味他的甘苦與艱辛，認識神農精神的實質與意義。後人為了效仿神農，中藥鋪的櫃檯上總愛供一隻木製和石製的獐獅，一是為了敬仰中醫的祖師爺神農氏；二是告誡醫生切莫用錯藥物。

炎帝神農氏不僅是中華醫藥學的創始人，還是中華民族農業的開創者！

「……又教黎民識五穀，還教黎民把田耕。……

神農治世多清平，斫木為耜把田耕。」

《通鑑前編》記載：「炎帝因天時地宜，斫木為耜，揉木為耒，始教民藝五穀，而農事興焉。」

《春秋命歷序注》也說「其教如神，使民粒食，故天下號皇神農」。

神農氏始作耒耜，教民識五穀，把田耕。從而華夏兒女不僅是游牧漁獵，還播五穀，操作農活，使民粒食，再不是那種「茹草飲水，採樹木之實，食贏蛑之肉」的荒蠻原始生活，正是他這一偉大貢獻，後人尊稱他為炎帝神農氏。

《禮畣文嘉》解釋道：「神者，信也；農者，濃也。始作耒耜，教民耕種，美其德信，濃厚若神，故為神農也。」

恩格斯說：「科學的發生和發展一開始就是由生產決定的。」如果沒有神農氏的原始農業生產的產生，就沒有現代農業成果的出現；沒有原始的「斫木為耜（犁頭），揉木為耒（犁柄）的科學發明，就沒有現代農業科學技術的發展。原始農業的產生使一個遷徙不定的游牧漁獵民族發展成為一個泱泱農業大國，神農氏的這一偉大歷史功績是永垂不朽的！

神農氏教民識五穀，使民粒食，從而使原始的飲食結構發生了根本變化，迫使當時的氏族要有一個穩定的食物來源，這就敦促了種植業和飼養業的興起。

《甲誼新書》曰：「神農以為走禽難以久養，乃求可食之物，嘗百草之實，察鹹苦辛味，教民識谷。」

神農氏教民繁殖飼養家畜，栽培蔬菜水果，食穀以佐五味，使黎民的營養狀況大為改觀，體力和智力得以健康地發展。「民以食為天」，是黎民百姓賴以生存的飲食結構發生變化而使一個遷徙不定的游牧氏族定居下來。這樣才使各行各業興起。

《黑暗傳》中敘述神農氏教「女子採桑蠶吐絲，又教黎民貿易興」。

《商君書‧畫策》載：「神農之世，男耕而食，婦織而衣。」

神農時代，由於農業生產的發展，種植、飼養業的興起，飲食結

構的變化，導致服飾文明的產生。神農氏教婦女採桑樹之葉養蠶，使蠶吐絲，合絲麻搓繩，以繩網結成布，用骨針縫布成衣，使黎民「甘其食，美其服」，從此結束了赤身裸體，披掛樹葉的荒蠻時代。

《呂氏春秋·愛類》就載有神農氏身體力行之教也：「士有當年而不耕者，則天下或受其飢矣。女有當年而不織者，則天下或受其寒矣。故身親耕，妻親織。」神農氏諄諄告誡黎民勤奮勞動，大力發展各行各業，使當時的氏族繁榮昌盛，從而產生了物資剩缺失調，神農又教黎民「日中為市」興起貿易，「日中為市」就是今日商業的雛形。

《易·繫辭下》載：「日中為市，致天下之民，聚天下之貨，交易而退，各得其所，蓋取諸噬嗑。」「日中為市」是神農氏對伏羲氏陰陽八卦的科學利用和發展。《帝王紀世》云：「庖羲氏作八卦，神農重為六十四卦。」日中為市取於噬嗑。卦名噬，義為食，嗑，義為合。卦畫為卦象，上卦表日，下卦為動，日中為動。相互連繫在一起則為：日中聚合天下的人與物，讓黎民們自願協商，相互交換，互為補充，各得所需，滿意而歸。在交換貨物之時人與人也交換了思想感情，促進了氏族之間的交往，推動了社會前進與發展。

《黑暗傳》中對神農氏最後的敘述：

「神農治世三百春，崩於長沙茶陵城，自從神農駕崩後，愉罔出世治乾坤。」

《通鑑前編》說：「帝在位百四十年，崩於長沙之茶鄉。」

對神農氏的死因，民間廣為流傳：「炎帝南巡，誤嘗斷腸草，中劇毒而斃命於湖南茶陵。」

台北《炎帝神農世系姓氏次序圖》說道：「神農氏出生在民元（西元 1912 年）前五千一百二十九年癸未四月二十六日於湖北隨縣厲山鎮，名魁隗，長於陝西姜水，以姜為姓，二十歲時繼伏羲氏為中國天子，以火德王天下，故稱炎帝，所謂「炎黃裔胄」，以此肇始。崩於湖南茶陵，享大壽一百四十歲。」

　　台北市姜氏宗親會編寫的《姜姓始祖炎帝神農傳承一百五十七代世系表》記載：「炎帝神農生於農曆紀元元年，第一干支，癸未四月二十六日，於湖北隨州厲山神農洞，長於姜水，故以姜為姓。二十歲繼伏羲無懷氏為天子，初都陳。遷都魯。崩於長沙茶鄉之尾，享大壽一百二十歲。」據上所述，神農氏迄今已有五千二百一十年之久遠。

　　《黑暗傳》中敘述神農「崩於長沙茶陵城」與史典、傳說、族譜所傳的相互一致，至於「神農治世三百春」就不能同他的壽歲相提並論，我們認為是神農氏與他的嫡系統治一個氏族歷經三百年之後才由愉罔來統治。正如《帝王世紀》所載，神農氏「在位一百二十年而崩，納奔生氏女曰聽詙，先帝臨，次帝承，次帝明，次帝直，次帝釐，次帝哀，次帝愉罔，凡八代。」愉罔雖是神農氏的第八代傳人，卻一直承襲炎帝的稱號。

　　我們對《黑暗傳》中的神農氏進行初探時只探究了「傳」中所敘述的內容，對照史典進行論證，至於他「盉百種，率萬民，蠟戲於國中，以極其歲之成」；「削桐為琴，練絲為弦，以通神明之德、合天地之和」；「弦木為弧，剡木為矢，弓矢之利，以威天下」。這些史料上記載的神農偉大歷史貢獻我們都沒有探討，因為這是「初探」題外之事。

通過「初探」，我們認為《黑暗傳》謳歌了我們偉大始祖，是群體智慧彙集的一部「鄉邦文獻」！是民間文化藝苑中的一朵奇葩！它起到了傳播各種經典、史書的媒介作用，它在民間所起到的影響就像一部電視連續劇《紅樓夢》與一部古典小說《石頭記》一樣，前者擁有的觀眾與後者擁有的讀者，相互是難以比擬的。借此比較，就使我們清楚地認識到《黑暗傳》的真正歷史作用和現實價值了。不僅如此，它對宇宙、大自然也有科學的解釋，從「黑暗混沌昏沉沉」開始，一直唱到「三番洪水天地分，自從盤古開天地，三皇五帝到如今」。它不愧為是一部漢民族神話創世史詩！謳歌了華夏祖先的偉大功德，召感炎黃子孫熱愛自己的祖國，弘揚神農精神，使中華民族更繁榮昌盛！

三、芻議《黑暗傳》創世神話史詩

我們在前面只淺析和初探了《黑暗傳》中的華夏始祖、民族英雄伏羲氏黃帝與神農氏炎帝，並不是我們認為這是《黑暗傳》中的出彩之處，而是因為我們是炎黃子孫。其實《黑暗傳》還謳歌了眾多民族英雄人物如軒轅、堯、舜、禹，他們歷來被中華民族稱為「三皇五帝」。《黑暗傳》還謳歌了首造天地的浪蕩子、奇妙子，造水土的江沽，開天闢地的盤古……是他們用血肉之軀造就了天地日月、山嶺河流、樹木花草以及人間萬物，《黑暗傳》用神話敘述了天地起源之根古三皇五帝之治世，它不愧為是一部古老的鄉邦文獻巨著，神奇的民間文化鴻篇，名副其實的漢民族創世神話史詩！

一九八三年張忠臣的手抄本《黑暗傳》首次在神農架林區文化館編印的《神農架民間歌謠集》中以民間敘事長詩推出，立即被慧眼識金的劉守華教授看中並推薦給中國神話學研究的泰斗袁珂先生，袁先生明確地認定：「《黑暗傳》是廣義的神話史詩。」自此，各大報刊爭相報導，漢民族創世神話史詩神農架《黑暗傳》，填補了漢民族沒有神話史詩的空白。

　　《黑暗傳》是神農架的嗎？我們肯定地說：「不！」

　　它是漢民族的！只不過是在神農架最早發現的，而且神農架至今還在傳唱而已。胡崇俊先生花了二十多年的心血，踏遍神農架的山山水水，奔走川、陝、渝各地，往返興山、秭歸、巴東、保康、房縣之間，最後整理出版了《黑暗傳》整理本。在蒐集到的手抄本中除神農架的之外，還有興山的，秭歸的，保康的，房縣的……這些縣市都是神農架的周邊地區，而神農架林區本身就是由興山、巴東、房縣的邊沿地區組合建置的，其實神農架最早是一座山峰的名稱，繼而是一個山系的總稱，它在湖北省的西部，長江與漢水之間，鑲嵌在秦嶺和巴山兩條龍頭之上，猶如二龍戲珠。神農架是以華夏始祖炎帝神農氏的名字而命名的，在神農搭架採藥的地方最早發現一部漢民族創世神話史詩，也許是天意吧！這是炎黃子孫的驕傲！是漢族兒女的自豪！

　　《黑暗傳》是來自民間嗎？我們的回答也是肯定的：「是！」

　　凡是聽過歌師們唱《黑暗傳》的人，或是看過《黑暗傳》手抄本的人，都會認為它不是來自民間而是出自文人墨客之手，因為它的構思奇特，語言精練，故事曲折，人物眾多，內容豐富，有些知識不是一般人能通曉的，而且集巫教、道教、佛教、儒教於一身，可謂鴻篇

巨著，一部《黑暗傳》能唱幾天幾夜。當初我們也認為民間歌師們沒有這樣的才學，後來我們在一次親臨孝堂聽歌師們盤歌時才領教到他們的真功夫，我們看見兩個歌師相互盤歌為爭個高下，一個歌師唱道：

「久聞歌師是能人，
通曉地理與天文。
曉得龍身鱗幾片，
曉得老虎毛幾根。
一張嘴巴當銃使，
吐顆牙齒能傷人。
今問歌師一件事，
歌師一定知經綸。
世上蛋先雞後出？
還是先雞蛋後生？
歌師你能說分明，
鼓上拜你為師尊！」

我們一聽，認為這個歌師盤歌問得絕，世上到底先有雞後有蛋，還是先有蛋後有雞，從古至今就沒有人能說清楚的事，一定會難倒對手，誰知鼓聲剛落，歌師一個「三起頭」叫板：

「回聲歌師聽端詳，
你動刀來我動槍，
要把歌場當戰場！
崑崙山上土鳳凰，

雲裡霧裡稱高強。

展翅騰飛九萬里,

要去東海鬥龍王。

誰知龍王不好惹,

調來蝦兵和蟹將。

龍王飛舞騰空起,

捲起東海萬頃浪。

鳳凰只知崑崙高,

哪裡曉得海洋廣。

幾個回合戰下來,

鳳凰落水遭了殃。

鳳凰鬥敗變成雞,

天天下蛋敬龍王。

歌師跟我爭高下,

母雞就是你下場!」

　　聽歌的眾人無不拍手叫絕。歌師們相互挖苦、諷刺雅而不俗,語言尖刻詼諧巧趣,字字句句妙語生花,口槍唇劍文采飛揚。《黑暗傳》就是民間歌師們長年累月這樣盤出來的。我們不否認歌師們藉助了古典書籍,也不否認《黑暗傳》經過了文人墨客的加工整理,總之《黑暗傳》凝聚著勞動人民的智慧與天才,它是民族民間文化的精華,歷經大浪淘沙的洗禮,才光彩奪目,流芳百世。

　　《黑暗傳》是漢民族創世神話史詩嗎?我們更加肯定地說:「是!」

《黑暗傳》的珍貴價值除了敘述天地起源、三皇五帝，謳歌歷代眾多中華民族英雄的豐功偉績之外，更重要的是它是一部「漢民族創世神話史詩」，填補了漢民族神話史詩的空白，抨擊了黑格爾的謬論。非此，《黑暗傳》的含金量就大打折扣了。並不是我們無端地往《黑暗傳》臉上貼金，而是用事實說話。首先我們認定它是創世神話：《黑暗傳》從黑暗、混沌講起，歷經一番洪水一分天地；二番洪水二分天地；三番洪水三分天地；盤古開天闢地；伏羲女媧造人；三皇五帝治世……說它是創世神話，是眾所周知不可否認的。它到底是不是史詩，當今在民間和學術界眾說紛紜：說它是「民間歌謠」、「民間孝歌」、「敘事長詩」、「廣義的神話史詩」、「漢民族創世神話史詩」……該是什麼？不能信口開河，要有依有據。《辭海》對「史詩」的定義：「指古代敘事詩中的長篇作品。反映具有重大意義的或以古代傳說為內容，塑造著名英雄形象，結構宏大，充滿著幻想和神話色彩。」這是通過專家學者認定形成的定論。《黑暗傳》敘述的創世紀神話故事算不算重大歷史事件？《黑暗傳》謳歌的造天、造地、造人、造萬物以及三皇五帝治世的眾多人物是不是中華民族的英雄形象？《黑暗傳》唱本長達近萬行夠不夠長詩分量？也是不是充滿著幻想和神話色彩？我們認為以「史詩」一詞的定義，不管從哪個角度來評估《黑暗傳》都會認定它是一部史詩，而且是一部「漢民族創世神話史詩」！

　　自《黑暗傳》在神農架發現以來，二十多年，神農架人從未放棄對它的蒐集、整理、研究，神農架「神農文化學會」的會刊創刊號全集編印了《黑暗傳》的評述文章；首次刊印了我們的《黑暗傳》整理本；第三期刊登了會長陳人麟先生的《黑暗傳》整理本；一九九二年

長江文藝出版社出版了胡崇俊先生整理的「漢民族首部神話史詩」《黑暗傳》；二〇〇五年神農架文體局把《黑暗傳》以非物質文化遺產保護名錄向國家申報。神農架林區黨委、政府下文把《黑暗傳》列為非物質文化遺產保護項目……

《黑暗傳》還引起國內外專家學者的高度重視。一九八四年劉守華教授在貴州舉行的全國神話學術討論會上作了《鄂西古神話的新發現》學術報告；相繼在《江漢論壇》上發表了《〈黑暗傳〉的發現與價值》的文章；一九八五年湖北省民間文藝家協會編印了內部資料《神農架〈黑暗傳〉原始版本彙編》；袁珂先生一九八七年在《中國文化報》上發表了《喜讀神農架〈黑暗傳〉》一文，稱《黑暗傳》為廣義神話史詩而引起爭議；一九九六年《華東師範大學學報》第六期發表了王海峰、周彬慧、彭育波、林流芳、劉芳五人合著《〈黑暗傳〉看神農架的文化位置》論文……

綜上所述，《黑暗傳》的文學價值早已被人們肯定，它是一部「漢民族首部神話史詩」也是被絕大多數專家學者認可的。

時下正是保護非物質文化遺產的大好時機，我們神農架人應抓住機遇，認真做好瀕臨消亡的《黑暗傳》的搶救與保護工作，使這一珍貴的非物質文化瑰寶更加絢麗多彩！

試論《黑暗傳》的非物質文化遺產屬性

陳人麟

　　非物質文化遺產概念中的非物質性，是指以滿足人們的精神生活需求為目的的精神生產這層涵義上的非物質性。聯合國《保護非物質文化遺產國際公約》指出，非物質文化遺產涵蓋五個方面的項目，即口頭傳說和表述，包括作為非物質文化遺產媒介的語言；表演藝術；社會風俗、禮儀、節慶；有關自然界和宇宙的知識、實踐以及傳統的手工藝技能。國務院《關於加強文化遺產保護工作的通知》說，文化遺產包括物質文化遺產和非物質文化遺產。非物質文化遺產是指各種以非物質形態存在的與群眾生活密切相關、世代相承的傳統文化表現形式，包括口頭傳統、傳統表演藝術、民俗活動和禮儀與節慶、有關自然界和宇宙的民間傳統知識和實踐、傳統手工藝技能等以及與上述傳統文化表現形式相關的文化空間。

《黑暗傳》是部孝歌，曾廣泛流傳於鄂西、川東、湘西等山區的民間，神農架林區的歌手們至今還在演唱。比照上述對非物質文化遺產的定義，它無愧於一份極其珍貴的非物質文化遺產。

《黑暗傳》來自於喪鼓歌場

　　在神農架山林及其周邊地區，民間歷來把辦喪事看得很重，素有「喜事可以不辦，喪事不可怠慢」之說。但凡有人過世，無論是男是女、是老是少，也無論是貧是富、是貴是賤，孝家都一定要為之辦喪事。辦喪事就必須「打喪鼓」，唱喪歌（孝歌），而且是從亡人辭世的當天夜晚開始打，直打到出棺才結束。喪鼓歌場上總是歌手云集，他們自我表現的慾望都特強，而且多以歌場為戰場，多想藉機與他人比個高低。歌手們是輪番上場的，由於「唯知前朝古代事，才算學識淵又博」，因此大家競相「講古」，越講越古，前面歌手若唱的是民國故事，接腔者必唱明清典故，這樣一朝一代往前推，便一直推到了三皇五帝、盤古開天地之前。歌場還多用「盤歌」來展開情節，無論自問自答，或者你問我答，都要追根求底，因此問題也越問越奇，越問越刁鑽。譬如「歌師唱歌莫消停，再把盤古問一聲，請教歌場老先生。盤古分開天和地，又有何人來出生？盤古還是歸天界？還是人間了終身？」又如「歌師提起混沌祖，我將混沌問根古，混沌之時啥沒有。誰是混沌父？誰是混沌母？混沌出世啥時候？還有什麼在裡頭？歌師對我講清楚，我拜歌師為師傅。」《黑暗傳》就是這樣慢慢被無數歌手盤出來、推成型的。

《黑暗傳》反映了先民的宇宙觀

《黑暗傳》故事分「先天」、「後天」、「泡天」和「治世」四大部分，它集遠古創世神話之大成，講述了宇宙起源、天地出現和人類誕生、社會形成的漫漫歷程，集中反映了先民們的宇宙觀。

《黑暗傳》講，宇宙原本是一個大氣團，氣團內清濁不分，啥也沒有，只現一片黑暗，由黑暗老祖掌管。不知道經過了多少年、多少代，氣團內逐漸變成了混沌狀態，就像小雞剛孵成時蛋殼內的景像一樣，稱之為混沌。其時，混沌老祖接替了黑暗老祖，成為了宇宙的主宰。混沌時期長達幾千萬年，其間，宇內連續發生了幾件大事：首先是出現了海洋。海洋是經過一十六代神祖的不懈努力，最後才由江沽皇造成的，海水來自被他熔化了的玄冰。接著，海洋里長出了荷葉，荷葉上托著一顆晶瑩剔透的露水珠，這顆露水珠便是地球的胚胎，稱之為「生天之根」。浪蕩子到海邊遊玩，發現了這顆露珠，感到稀奇，正要伸手去摘時，奇妙子也趕到了，他是奉師命專門來取「生天之根」的。浪蕩子不信邪，竟搶先把露珠一口吞進了肚子。玄黃老祖聞訊，不禁勃然大怒，當即祭起法寶，擒殺了浪蕩子，並將其屍分五塊，拋入了海洋。從此，海洋中升出了崑崙山，世界也才分出了陸海和高低。再後來，玄黃老祖又幾經鏖戰，收服了混沌，成為了新的主宰。此時宇內雖然清濁二氣仍然沒有分開，但卻呈現出了天玄地黃的新景象。崑崙山凝聚著天精地靈、五行之氣，盤古在它生成之時便開始孕育，四萬八千年後終於來到了世上。盤古出世後，天地仍然被包在昏暗的氣團內，他先藉助一把神斧、一隻神鑿和一根神　，又砍又鑿又戳，清氣不斷地上浮，終於成了天；濁氣不斷地下沉，終於成了

地。他立身其間，天地因此而得以逐漸穩住。接著，他又前往咸池，幾經周折，才請動日月兩君上了天庭，黑暗因此而永遠結束，世界從此才有了光明。天上亮的除了日月，還有星星，星星就是日月的眾子孫。此時，世界既有了水土，又有了陽光，萬物得以滋生了，一些神靈和生物也開始慢慢地變成了人形，稱之為「人類初造」。但是，人類世界的劫數依然未盡，隨後又有三番洪水接踵而至。洪水多因惡龍爭鬥而起，洪水氾濫，淹沒了山河，吞噬了萬物，世界又恢復到了黑暗混沌狀態。洪水過後，世界上的真人只剩下了一對兄妹，他們是藉助一隻大葫蘆的庇護才保住性命的。經鴻鈞老祖苦口相勸，由一隻金龜做媒，兄妹才答應結成婚姻。這對兄妹其實就是伏羲和女媧（前世），他們結為夫妻，生兒育女，女媧嫌人太少了，又捏土造出了許多人。人類社會從此才逐漸形成。從人類誕生，到「治世」社會形成，也經歷了漫長的歷程。最初是天皇分四季、地皇定時辰、人皇劃九州，繼八十女皇后才有五帝相繼建功立業：伏羲氏創八卦、治禮儀、造琴絃，神農氏創農耕、興醫藥、開集市，軒轅氏做甲子、興算術、製衣襟，帝唐堯選才能、興禪讓，帝虞舜傳大禹，治洪水。至此才標誌著人類社會走上了健康發展的軌道，《黑暗傳》故事也到此結束。

《黑暗傳》無愧「史詩」之稱

　　《黑暗傳》無愧於「史詩」之稱，它的發現糾正了西方學者關於漢民族不可能產生自己的史詩的歷史偏見。

所謂「史詩」，從字面上解釋當是「史」和「詩」的統一體，或者說是以詩歌形式演唱歷史內容的民間文學作品。《黑暗傳》完全符合這一基本特徵，因為它以七字句為基本句式，以「三起頭」（即每個歌段的前三句必須表達一個完整意思，第三句末用句號）為歌段結構特點，講究平仄，講究押韻，是一篇長篇敘事詩，不僅讀起來朗朗上口，聽起來更悅耳動聽。它敘述了從「先天」到「治世」的漫漫歷程，是一部宇宙演變史和人類社會的「史前史」。

　　《黑暗傳》也完全符合辭書對「史詩」含義的解釋。《辭海》是這樣解釋的：史詩指古代敘事詩中的長篇作品。反映具有重大意義的歷史事件或以古代傳說為內容，塑造著名英雄的形象，結構宏大，充滿著幻想和神話色彩。《黑暗傳》洋洋萬餘行，當然是「古代敘事詩中的長篇作品」；講述的是宇宙演變的神話傳說，當然是「具有重大意義的歷史事件或以古代傳說為內容」；突出了玄黃、盤古乃至三皇五帝等創世始祖的業績，當然也塑造了「著名英雄的形象」，而且「充滿著幻想和神話色彩」。

　　《黑暗傳》是漢民族的創世史詩。

　　《黑暗傳》與《荷馬史詩》也確有不同特點，那便是《荷馬史詩》屬於英雄史詩，《黑暗傳》則屬於創世史詩，而且獨具漢民族的特色。

　　《黑暗傳》以創世神話為構成主體，與世界上許多民族的創世神話相比，它更具想像的大膽性、離奇性、豐富性和科學性。西方民族的創世神話，只有《舊約聖經》中的《創世記》能自成體系，但講得十分簡單，多是上帝說什麼，世上便有了什麼，基本沒有什麼情節。

《黑暗傳》則大不相同，它不認為上帝是唯一的造物主，而是講萬物和人類的創造是眾多創世始祖的功勞，而且創造的歷程是漫長而艱辛的。

《黑暗傳》所展示的創世歷程富含科學因子。譬如，它解釋生命起源於海洋，這已為當代科學所證明。又譬如，它關於「先天」→「後天→「泡天」→「治世」的整體布局，「黑暗」→「混沌」→「玄黃」的漸變情況，「盤古開天」→「日月升天」→「人類初造」的演進歷程等，無不閃爍著矛盾運動發展觀、和諧觀的光輝。再譬如，玄黃幾經鏖戰才最終取代了混沌，揭示的當是舊事物不甘心滅亡，但終將被新事物所代替的客觀規律……

《黑暗傳》內容極為珍貴

《黑暗傳》內容極為珍貴，除了上述創世歷程的完整性和科學性外，還當表現在以下方面：

其一，《黑暗傳》中的許多人物都少見經傳。譬如黑暗老祖、混沌老祖、玄黃老祖和鴻鈞、弘浩、弘儒三兄妹等。

其二，《黑暗傳》中的許多故事都鮮為人知。譬如江沽造水、浪蕩吞天等。

其三，《黑暗傳》中許多解釋獨具漢民族文化特點。譬如，印度和西方神話都講洪水是上帝為懲罰人類而發的，《黑暗傳》則解釋為人類社會形成過程中難逃的劫難，因而更具本土特色。又譬如，葫蘆

兄妹與伏羲女媧本是兩個故事，《黑暗傳》則將之連為一體，因而更顯精彩動人。

其四，《黑暗傳》是經歷了漫長的創作歷程才逐步成型的。在其形成過程中，它不斷從外地和多民族創世神話裡吸取了營養，而且善於對相關故事進行改造，因此內容既盡聚多民族、多地區創世神話於一體，思想盡融道、佛、儒文化於一體，體系卻獨具一色。

《黑暗傳》絕非淵源於《開闢演義》

有學者說，「《黑暗傳》的內容淵源於明清的通俗小說《開闢演義通俗志傳》（以下簡稱《開闢演義》）。相對於有三千年文學史的漢民族來說，僅有三百年歷史的《黑暗傳》是不能稱為漢民族的史詩的」。因此也不能被視為非物質文化遺產。此說是難以成立的！

其一，《開闢演義》故事共八十回，從「盤古氏開天闢地」講起，到「周武王弔民伐罪」結束。它雖以「開闢」為題，卻並非全屬開闢神話，因四十二回「堯帝康衢聽童謠」以後的內容都當來自於「正史」。《黑暗傳》則大不一樣，故事從宇宙本原講起，不知道比盤古早了多少億萬年；講到大禹治水為止，內容全屬創世神話。

其二，盤古故事雖然為兩者所共有，但說法卻大相逕庭。《開闢演義》說盤古是被西方佛祖派來的，《黑暗傳》則講盤古孕育在崑崙山下，是五行聚化而成的，因而更合道教理論。

其三，《開闢演義》是明人周遊的小說，《黑暗傳》卻是典型的

民間口傳文學作品，是無數無名歌手集體智慧的結晶。雖然明清之際也曾有過木刻本問世，但仍然以口頭傳承為主，神農架已經蒐集到了十幾個版本的資料，內容梗概大致相同，但相關故事的情節卻不盡一致，當是因歌手們師承不同、風格各異造成。

《黑暗傳》急需保護與搶救

《中國民族民間文化保護工程實施方案》指出，「當前，面臨著來自全球化和現代化的挑戰，我國民族民間傳統文化生存環境急邊惡化，保護狀況堪憂」。「採取有效措施，加強我國民族民間傳統文化的保護，已刻不容緩。」《黑暗傳》也當在「刻不容緩」的保護之列。

《黑暗傳》內容博大精深，但受到「子不語怪力亂神」封建正統觀念的排斥，所以歷來會唱、敢唱的歌手一直很少。時至當今，「傳承後繼乏人」便成了最難解決的問題。筆者曾調查過神農架林區松柏鎮的歌手情況，發現總數不超過三十人，年齡大都在五十歲以上，四十多歲的寥寥無幾，沒有一人在四十歲以下。他們中不僅早沒有了能唱《黑暗傳》全本的，就是能唱片段的也所剩無幾。

應該說《黑暗傳》基本已經失傳，至少也是瀕臨失傳了。當前的任務除了積極保護老歌手、多方培養新歌手外，搶救工作當在繼續蒐集資料的基礎上，合各地、各方之力，精心予以研究，儘快整理出一個內容更為完整的本子。由於我們才疏學淺，在「淺析」、「初探」、「芻議」之文中舛誤甚多，誠望專家與讀者不吝賜教。

摘自《神農架報》1993 年

昌明文庫·悅讀中國 A0607028

黑暗傳 下冊

主　　編	神農架林區非物質文化遺產保護中心
版權策畫	李煥芹
發 行 人	林慶彰
總 經 理	梁錦興
總 編 輯	張晏瑞
編 輯 所	萬卷樓圖書股份有限公司
排　　版	菩薩蠻數位文化有限公司
印　　刷	百通科技股份有限公司
封面設計	菩薩蠻數位文化有限公司

出　　版　昌明文化有限公司

桃園市龜山區中原街 32 號

電話　(02)23216565

發　　行　萬卷樓圖書股份有限公司

臺北市羅斯福路二段 41 號 6 樓之 3

電話　(02)23216565

傳真　(02)23218698

電郵　SERVICE@WANJUAN.COM.TW

大陸經銷

廈門外圖臺灣書店有限公司

　　電郵　JKB188@188.COM

ISBN 978-986-496-518-2

2020 年 12 月初版二刷

2019 年 3 月初版

定價：新臺幣 400 元

如何購買本書：

1. 轉帳購書，請透過以下帳戶

　　合作金庫銀行 古亭分行

　　戶名：萬卷樓圖書股份有限公司

　　帳號：0877717092596

2. 網路購書，請透過萬卷樓網站

　　網址　WWW.WANJUAN.COM.TW

大量購書，請直接聯繫我們，將有專人為您

服務。客服：(02)23216565 分機 610

如有缺頁、破損或裝訂錯誤，請寄回更換

版權所有·翻印必究

Copyright©2020 by WanJuanLou Books CO., Ltd.

All Right Reserved　　　　　**Printed in Taiwan**

國家圖書館出版品預行編目資料

黑暗傳 / 神農架林區非物質文化遺產保護中
心主編. -- 初版. -- 桃園市：昌明文化出版；
臺北市：萬卷樓發行, 2019.03

　　冊；　公分

ISBN 978-986-496-516-8(上冊：平裝). --

1. 黑暗傳 2.讀物研究

282　　　　　　　　　　　108003236